大中華帝國崩壞的序曲

中國的女神 洞庭湖娘娘、泰山娘娘，
非洲的 祖魯神的靈言——

Ryuho Okawa
大川隆法

台灣幸福科學出版有限公司

前言

一場基於天意的革命，正如火如荼地展開。

中華帝國就像是現代的納粹第三帝國，正在展現最後的繁榮幻想，亦正悲鳴著。

即便世界各國試圖討好被判定為非法的國家們，但神的眼睛是善惡分明的。

本書將說明非洲的祖魯神、中國泰山娘娘（女神）、愛德加・凱西和洞庭湖娘娘（女神）的真意（神意）。大中華帝國即將邁入瓦解的過程。

香港的人們啊！西藏、維吾爾族、內蒙古，北朝鮮的民眾啊！神絕對不會拋棄你們的。

二〇二〇年七月二十三日

幸福科學集團創立者兼總裁　大川隆法

目錄

5

祖魯神給現代人的訊息

第2章 愛德加·凱西的靈言

1 向愛德加·凱西詢問「泰山娘娘」之存在

2 泰山娘娘的心願為何？ 218

第3章 祖魯神的靈言 237

第1章　習近平守護靈的靈言　305

靈言現象

所謂「靈言現象」，是指另一個世界的靈魂存在，降下言語的現象。這是發生在高度開悟者身上的特有現象，並有別於「靈媒現象」（即人陷入恍惚狀態、失去了意識，由靈魂單方面說話的現象）。當降下外國人靈魂或外星人的靈言時，發起靈言現象之人亦可從語言中樞選擇需要的語言，因而可用日語來講述。

然而，「靈言」終究只是靈人本身的意見，其內容有時會與幸福科學集團的見解相矛盾，特此注記。

第一篇

非洲的天懲之神・祖魯的靈言

二〇二〇年四月六日
收錄於幸福科學特別說法堂

祖魯神

非洲的天懲之神。關係到人類的生成、發展、衰退、消滅週期中的「衰退、消滅」，當地上的局勢正朝著與神心背道而馳的方向發展時，背負著讓疾病流行和引發饑荒的任務。與巫毒教（Voodooism）也有著關係。

〔三位提問者，分別以A・B・C標記〕

〈靈言的收錄背景〉

二〇二〇年四月六日，某位靈人來到大川隆法總裁身邊，經過靈查後，判定為祖魯神。

1　突然出現道出「削減人類計畫」的祖魯神

看見原野上搖曳著宛如稻穗般的景象

（編注：背景正在播放著幸福科學的根本經典《佛說・正心法語》ＣＤ）

大川隆法　（大口喘氣）哈啊。哈啊。哈……。

可以看到像是麥子的東西……。那是麥子還是稻子，又或者是……，還是芒草穗？感覺有那樣的東西在搖曳著……。

提問者Ａ　是。

大川隆法 嗯，可以看見像是農田，又像是原野的地方……。

提問者B 那是什麼呢？

大川隆法 嗯……。哈啊（約十秒鐘的沉默）呼～（約十秒鐘的沉默）嗯……。啊啊……。（約五秒鐘的沉默）是「稻子」嗎？還是稻荷。

提問者B 稻荷？

大川隆法 稻荷……（約五秒鐘的沉默）。感覺上像是不想讓人慶祝現世利益？

提問者B 不想讓人慶祝現世利益？

提問者A 不讓人慶祝現世利益……，稻子無法收割嗎？

大川隆法　還會出現無法讓人收穫穀物的生物？

提問者B　那是指蝗蟲嗎？還是其他東西？

大川隆法　現在還沒出現蝗蟲，接下來就會出現的意思嗎？這不是很清楚……。

提問者A　啊！不是稻荷……。

提問者B　是收成不好嗎？

提問者A　是「收成不好」嗎？

大川隆法　應該是指饑荒吧！

提問者B　饑荒？是蝗蟲的緣故嗎。

提問者A 可能是蝗蟲。

大川隆法 蝗蟲還沒有飛進來……。

提問者B 還是地震什麼的？

大川隆法 因為新冠病毒疫情之禍，讓人們都無法工作。

提問者B 啊啊，是那樣的意思啊？是指總收入減少了嗎。

大川隆法 被蟲吃掉了……。

提問者A 不過，農作的情況如何？

提問者B 農業沒必要通風，農田上方就只有天空（笑）。

提問者A　農田本來就是戶外。

大川隆法　嗯……。

「饑荒、旱災、疫病」等危機迫在眉睫？

提問者A　現在有人來了嗎？來的是人？還是集體意念？

大川隆法　嗯，可以看見像稻穗的波浪，好像是一片遼闊的農田。

提問者C　那是日本嗎？還是中國大陸等地？

大川隆法　我正在看是哪個地方的景色呢。（約五秒鐘的沉默）嗯……，美國、中國、俄羅斯、印度、日本。

提問者A　小麥也無法收割，有麵粉危機。

大川隆法　或許「穀糧危機」即將到來。

提問者B　是穀糧啊！

提問者C　會重創全世界……。

大川隆法　確實無法說沒有那種可能。

提問者B　（二〇二〇年）真是一個災難年。

大川隆法　有人說著「饑荒、旱災、疫病會接踵而至」……。

提問者B　確實如此。

提問者A　小麥無法收成的原因是什麼？

提問者B　是日照之類的緣故嗎？

大川隆法　還會有另一種新的疾病，也就是說「穀物的疾病或許就要開始了」。不僅是蔓延在人類之間的肺炎，接下來可能還會爆發讓穀物枯萎之類的流行疾病。

看來，這是要讓「軍糧短缺」的作戰啊！嗯……。

有人在策劃「削減人類計畫」？

提問者B　人類要被神拋棄了嗎？

提問者A 是要被拋棄了嗎？

大川隆法 我感覺到有人在策劃這些事。

提問者B 是誰在策劃這件事呢？

大川隆法 是誰在策劃呢？

（約十秒鐘的沉默）嗯……。（約五秒鐘的沉默）嗯……，有人說「還有人正在研究某些讓敵人陷入糧食危機的疾病」。

提問者A 也就是說在人類當中，有人正在研究「攻擊人類的生物武器」，以及「為了糧食作戰，而製造出讓穀物枯萎的細菌」嗎？

提問者B 那是指中國嗎？

提問者A　中國？

大川隆法　嗯……。所以，未來可能會發生至今為止的農藥都束手無策的問題。嗯……。這是……（約五秒鐘的沉默）嗯，感覺好像有什麼「東西」會被釋放出來。

提問者A　被釋放出來？

提問者B　釋放？

大川隆法　嗯……，嗯……。

提問者A　所謂的「被釋放出來」，是指製造者故意釋放的，還是……？

提問者B　其中有外星人介入嗎？

大川隆法　嗯……。（約五秒鐘的沉默）這莫非是有誰正在策劃「削減人類計畫」吧？

提問者A　靈人們正在議論著「天譴」，還有指導著中國的惡人（靈人）說「我們要毀滅人類」。

大川隆法　嗯……。不過，確實有不少死神都被釋放出來了。

提問者A　是誰說著「釋放」呢？

大川隆法　「這個嘛，一旦『釋放』死神之後，就必定會出現許多死者。就如同收割稻子一樣，要割下人類的頭。嗯……，這到底是何時做的決定呢……。

過去人類也曾經歷過無數次，人口大幅銳減的時期。有好長一段時代，地球只有數億人口，但現在已經暴增到這種程度了，嗯……。」

自稱「祖魯」的非洲的詛咒之神

提問者A 現在說話的人是總裁先生嗎？

靈　人 不是。

提問者A 「不是」。

靈　人 對。

提問者A 您是哪位？

靈　人　嗯……我是……，非洲的「祖魯」。

提問者B　祖魯……。會從非洲開始發生饑荒嗎？

祖　魯　嗯……。

提問者A　「祖魯」這個名字，在恐怖電影中不都被視為惡魔嗎？

祖　魯　是啊！

提問者B　原來現實中真的存在嗎？

祖　魯　因為我是「詛咒之神」。

提問者A　原來如此，感覺您是從電影「魔鬼剋星」中跑出來的人物……。

祖　魯　就某種意義上來說，我做著咒殺人類的工作。

提問者B　您是說您身負那樣的任務嗎？

祖　魯　對。

提問者A　詛咒之神。

祖　魯　對，有時候會出現「巨大的工作」……。

提問者B　您與耶和華的關係近嗎？

祖　魯　嗯，這個嘛，我與耶和華……，勢均力敵。

提問者B　勢均力敵。

提問者A 您是男性還是女性？

祖　魯 如果是印度的話……。

提問者B 像是濕婆神之類的。

祖　魯 應該像是濕婆神一般吧！算勢均力敵。

提問者A 您的主要根據地是非洲嗎？

祖　魯 我的確是以非洲為根據地，從人類起源開始，每當要大量殺戮之際就會出動。

每當人心與「神心」背道而馳之時，我一定會釋放些什麼東西出來。我從「袋子」當中拿出東西，有時會釋放「疾病」、釋放「饑荒」、釋放「旱災」、釋放「害蟲」、釋放各式各樣的東西。

提問者A　那麼，您的標準是要看「那個時代的人心是否和神心相符」……。

祖　魯　沒錯。所以，只要超過容忍範圍就會釋放。

提問者A　也就是說，您判斷現今已超過容忍範圍了。

祖　魯　的確如此。從人口超過五十億人開始，就超過容忍範圍了。

提問者A　也就是說，縱使已有五十億人口，可是這些人們的想法卻超過了容忍範圍嗎？

祖　魯　不，幸福科學在地球有五十億人口之際開始展開活動，但是現在人口即將來到八十億，這就和蝗蟲、蚱蜢的繁殖速度一樣，嗯……我認為這不是很適切的增加方式。

提問者B 您剛才說是以「神心」作為標準，您所說的神是誰？

祖　魯 我說的神……，嗯，我也是神，我是名為祖魯的神。

提問者B 也就是說，您是下達命令的人？

祖　魯 我有時被稱為「祖魯」，或被稱為「雅威」，在印度叫做「濕婆神」，在日本則沒有正式的稱呼。

不過，歷史中的日本是小國，不像現在是個大國。也因為在歷史上的地位小，所以才會受到其他大陸的影響。

提問者A 原來如此。那麼，我們可以將您視為具有那般任務、權限的一位神明對吧？

祖魯　嗯，那也沒辦法啊！因為我在「生成、發展、衰退、消滅」的週期當中，負責「衰退、消滅」的任務。在您們所說的「愛、知、反省、發展」之外，尚有「衰退、消滅」存在啊！

2　世界各地天災不斷的原因為何？

試圖讓科學、學問都無力化，擴大人們對神的信仰

提問者A　您認為這次人類在什麼地方違背了「神心」？

祖　魯　這個嘛，電視上也都有報導，基本上都是唯物主義，盡是主張「世間的生命最為崇高」。

其實，在新聞節目的最後必須和觀眾說「各位，一起向神祈禱吧」，一旦那種病毒大流行出現許多感染者和死者的話，那麼就必

須前往神社、佛寺祈願。

然而，人們卻採取像是「不可群聚」，如此唯物主義的對策，要不然就是封城、禁止外出。若家中有安置神壇的話自是另當別論，實際上卻是什麼都沒有，單純只以唯物論來思量對策，畏懼染上病菌。

提問者A　甚至現在人們還批判宗教不可群聚祈禱。

祖　魯　如果是那樣的話，那些批判之人還真的是找死啊！以為這樣，唯物主義就能贏了。

提問者A　還有，若是我們說著「注入天上界之光，即能排除病毒」，也會受到人們譴責，認為這種說法是錯誤的。

祖　魯　如果他們的說法是基於發達的科學技術，以及其學問的話，那就必須要讓那些科學、學問徹底地無力化。如果要發展「不良善的科學」，讓那些都變得無力化就很重要。

總之，我現在正創造出一種所有醫學、科學都派不上用場的狀態。

提問者A　所有醫學和科學都派不上用場。

祖　魯　當今的醫學不是都不管用嗎？即使送往醫院，也不見病情好轉對吧？因為沒有特效藥啊！

提問者A　嗯……。

祖　魯　接下來，會在其他領域發生相同的情況。

提問者C　明明人們應該在這次的新冠疫情中注意到「神佛之心」，卻反而踏入了完全背道而馳的唯物主義……。

祖　魯　對、對、對。在新冠病毒之前，人類盡是說著地球暖化問題。

提問者C　是。

祖　魯　人類老是說「都是因為排放二氧化碳，所以可能會造成人類滅亡」之類的話，對神完全沒有抱持信仰。

提問者A　是啊！若是說出「天譴、神懲」的話語……。

提問者B　如果說出「那是天譴」，就會遭受世人的抨擊。

祖　魯　他們盡是說著「如果溫度再上升兩度、四度的話，人類就會陷入危機」

之類的話吧？

提問者C　是。

祖　魯　我看，接下來他們說的話就會變成「如果病毒蔓延下去的話，人類就會陷入危機」。這類情況再反覆個幾次，之後人類就會開始對科學和學問產生無力感。

現在人類應該做的是「到神社、佛寺祈願」、「強化對神的信仰」，這才是最有效的作法。

提問者A　原來如此。

祖　魯　如果就連這個都不知道的話，我們的脾氣可不是太好，就只好讓「不幸」持續擴大，直到人類清醒為止。若僅從世間的意義上來說，讓這個世界發生不幸的事，就如同收割尚未成熟的稻穗是一樣的。如果一直等到成熟之後，全部都會變成「生病的稻子」，所以一開始就要盡早開始「收割」，以防止繼續擴散下去。不讓靈魂活到壽終就加以「收割」的方法，我的口袋裡大約有十種。

祖魯神道出中國的驚愕未來

提問者A　現今在非洲肯亞發生了七十年以來的大型蝗災，那個也是您……。

祖　　魯　沒錯，那也是我引發的，當然還有其他人有相同的權限。

過去世界發生大規模戰爭之際，爆發了西班牙流感。在宗教戰爭期間，爆發了大規模鼠疫，十字軍東征時期就曾流行過。在發生嚴重的種族歧視時也會爆發疫病，有時疫病亦流行於牛隻之間。

提問者A 感覺中國認為新冠疫情的高峰已經過去。

祖　魯 太荒謬了。

提問者A 或許日本也認為，其他的國家再過幾個月疫情就會結束，所以才會發布國內的「緊急情況」。

祖　魯 再過不久，「下一個事件」就會造訪中國，那將會是令人期待的「套餐」。

提問者B 是指大批蝗蟲即將來襲嗎？

祖　魯　有可能會出現比蝗蟲更早一步到來的事件。

提問者B　喔。

提問者A　比蝗蟲還早一步……。看來，中國需要反省的地方還真多啊！

祖　魯　嗯，總之，這是在非洲的我的想法，應該將中國的十四億人口降到四億。

提問者A　什麼！

提問者B　每個人都無法倖免嗎？

祖　魯　這麼一來，就會恢復到大戰前的人口。

提問者B　與其增加信奉唯物論的人……。

祖　魯　我想要讓人數減少。

提問者B　也就是說讓人口減少比較好。

祖　魯　對，讓人口減少比較好。

提問者B　那是因為您覺得那樣做，對地球比較好？

祖　魯　對，如果能減少到四億，對地球會比較好。那樣的人數跟歐盟差不多，比美國還更多呢！

中國當中有著女性的天懲之神「娘娘」

提問者A　中國也有著肩負相同任務的人嗎？

祖　魯　有啊！

提問者A　果然有呢。

祖　魯　嗯，有是有，不過早就被遺忘了。

提問者A　應該被忘得一乾二淨了吧。

祖　魯　此人就要出現了，雖然已經被當今世人遺忘了，但是就快要出現了。

提問者A　即便那位神的名字被遺忘了，但人們應該也不想回憶起來吧？

祖　魯　現在透過幸福科學，將會揭露其名字。這位「被遺忘了的神之名」將會被揭露，至今為止名字都是被封印住了。

提問者A　被封印住了嗎？

祖　魯　嗯。

提問者A　被誰？被唯物論嗎？

祖　魯　對，在思想上被封印了。但不可忘記，中國可也是有「大人物」的存在啊！

提問者A　您是指大的「天懲之神」嗎？

祖　魯　沒錯，天懲之神的力量可是很大的呀！

提問者A　這樣很容易就能讓人知道神生氣了。

祖　魯　若是不處罰人類，是無從知錯的。被「打屁股」之後，人才會老實。如果因為被打屁股而生氣的話，再來就要用草席把人捲起來，關進倉庫裡才行。

提問者A　「關進倉庫裡」，這可真是一個自古以來的典型作法……。

祖　魯　是，當今的中國人都不知道，中國還有除了「可怕的祖魯神」以外的神，那就像是我的「雙胞胎」一樣。不過，那不是男的，而是女的喔！是中國最害怕的女神啊！

提問者B　應該不是武則天之類的體系吧？

祖　魯　不是，暫時就先以「娘娘」稱之吧！或許她本人會另外表明身份。

提問者B　（笑）娘娘。

提問者A　不是，請稍等一下（笑）。這個……，對不起，雖然不可以笑（笑）。

祖　魯　不是，記載的文字就是「娘娘」，所以要唸成「娘娘」。

提問者B　原來如此。

祖　魯　她有著一副美麗的容顏，卻是一位相當可怕的死神。

提問者A　這樣啊！

提問者B　（笑）「娘娘」。

提問者A　為什麼偏偏要叫作「娘娘」（笑）？

祖　魯　現在的中國人都被娘娘打趴啊！娘娘正打算帶走十億人口，而印度則是濕婆神正努力著。

因中國鎮壓西藏等地，而招來娘娘和濕婆神的憤怒

提問者A　那麼也就是說，中國現在的所做所為，和世界之神……。

祖　魯　對，我們是脾氣暴躁的神明，我們的任務就是專門收拾那些壞傢伙。宣揚正確的事物，是其他神明的工作。

提問者A　原來如此。

祖　魯　還有，中國之所以會招來「娘娘」和「濕婆神」雙方面的憤怒，是因為西藏問題以及……。

提問者A　維吾爾族。

祖　魯　中國對於喜馬拉雅靈界當中佛教的鎮壓，引發了極大的憤怒，娘娘可是很可怕的人物啊！

提問者A　果然，中國的名字總是有重複的文字（笑）。

祖　魯　是啊！娘娘有著一股如同巨大熊貓站起來的恐怖感。

提問者A　才剛想著「娘娘」，就馬上聯想到熊貓（笑）。

提問者B　確實有一種大貓的感覺呢（笑）。

祖　魯　是啊！

提問者A　啊！就像「大熊貓」一樣（笑）。

祖　魯　是，就像穿著和服的女性，化身為站起來的「貓妖」一樣。

提問者A　原來如此。

祖　魯　娘娘現在可正打算做一番「惡事」。

提問者A　喜馬拉雅和西藏都是非常神秘的地方，然而中國卻想完全摧毀那些地方。

祖　魯　所以，接下來要出現了另一位神明了！

造成一九九〇年後日本景氣蕭條的「天懲之神」

祖　魯　日本人口超過一億，是近年的事。

提問者B　須佐之男能召喚颱風之類，他有一點懲罰之神的傾向。

祖　魯　是啊！不過那些都是小的神，日本還沒有那麼大的暴力之神，雖然的確有一些脾氣不太好的神。

最近，「太宰府天滿宮」轉生之後，變成了天懲之神。

提問者B　您是說菅原道真吧！

祖　魯　現今，九〇年以後日本的蕭條景氣，就是名為宮澤喜一的「天懲之神」在發揮著力量。

提問者A　不過，那和祖魯神們有點不同。

祖　魯　有點不同。

提問者A　的確不同。

祖　魯　就規模來說，感覺起來比較小。除了他之外，還有其他人，但規模都比較小。

提問者A　感覺上那並非是因為人們違背了神意，而是人們太過於唯物論了。

祖　魯　嗯，總之，人們削弱了信仰的力量，那實在是不太好。

提問者A　也就是說，那些都是祖魯神們為了讓人們提升信仰心而採取的策略吧？

祖　魯　是的。先從「收拾」壞人開始，如此一來，人類就會思考「這的確有著非比尋常之處」。

我和美國的南北戰爭也有點關係，當時的戰役非洲之神稍微介入了一下。

提問者B　是因為歧視黑人的關係嗎？

祖　魯　對，我當時詛咒著「如果再繼續歧視黑人的話，就要毀滅美國」。

這個嘛，雖然只死了六十多萬人，不過也創下美國最多死傷人數。

只不過，那裡還有沉睡中的中南美洲、古代美國的天懲之神，不知道什麼時候會出現。

3　非洲的天懲之神・祖魯是何方神聖

「我們就像是愛爾康大靈的『鬥犬』」

提問者B　您知道「愛爾康大靈」嗎？

祖　魯　啊啊，知道啊！

提問者B　您知道吧！

祖　魯　我們啊，就像是愛爾康大靈的「鬥犬」啊！

提問者B 鬥犬……。原來如此。

祖　魯 在這個我行我素的世界裡，有時必須得鬆開狗鏈。小偷只要一想到「狗被綁住」就會橫行霸道，所以我們的任務就是「好好地守護大街小巷」。

提問者A 現代的唯物論發展過頭，感覺上已經完全說不通了。

祖　魯 NHK的新聞完全是浪費時間，必須要宣導「每個人都應加深愛爾康大靈信仰」。如果當人口來到五十億之際，就能對信仰有所察覺的話，也許就不會發生這麼大的事了。

提問者A 原來如此。

祖　魯　所以，「鍋蓋」即將要打開了啊！

提問者A　不是已經避開地極移動了嗎？

祖　魯　不，沒有避開喔！有一部分已經在移動了。

提問者A　沒有避開嗎？

提問者B　還是只是延期了？

祖　魯　地球不是暖化了嗎？實際上，那個就是地極移動了。不過，住在地球上是不會知道的。

那是當然的，因為冰融化了，所以地極移動了。住在地球上的人，是不會知道的。

提問者A　原來如此。

自古以來，祖魯神和「蝗蟲」就有著很深的淵源

提問者A　您說您的名字是「祖魯」……。

祖　魯　嗯，自古以來，我和蝗蟲之間就有很深的淵源。

提問者A　原來如此。您知道摩西時期的事嗎？

祖　魯　摩西時期也出現過蝗蟲，應該說，饑荒都是因為蝗蟲傾巢而出。

提問者A　為什麼是蝗蟲？

祖　　魯　那是因為……，這個嘛，說來話長。

提問者A　說來話長……（笑）。

祖　　魯　「好的蝗蟲」可以作為食物。

提問者A　好像具有豐富的蛋白質。

祖　　魯　「壞的蝗蟲」過境之後，會將牛和人類啃到只剩骨頭，真的像是死神降臨……。

提問者A　埃及也曾出現那類東西吧？

祖　　魯　對，有啊！

提問者B　像聖甲蟲的東西。

祖　魯　對，埃及有聖甲蟲。不過那是「先進國家病」。

提問者A　如果人們向祖魯祈禱，會變成怎樣呢？

祖　魯　向我祈禱嗎？那樣的話，疫情會變得更嚴重喔。

提問者B　是嗎（笑）？

提問者A　（笑）啊，真的會變嚴重啊？

祖　魯　那可不？那是我的工作啊！

提問者A　原來如此。也就是說有這樣的工作啊！

提問者B　是您的職責啊！

祖　魯　嗯。所以，巫毒教也正以「非洲為中心」努力著。

提問者A　您和巫毒教有關係嗎？

祖　魯　嗯，有關係啊！我不會去做什麼好事，總之，巫毒教是一種透過念力戰擊倒對方的宗教。憑藉念力、詛咒擊倒他國。

也就是說，日本的「巫毒教」，其實就是陰陽師。

提問者A　原來如此。

祖　魯　算起來，您也是「祖魯的子孫」。

提問者A　也就是「稀有的巫毒教徒」（笑），原來如此。

地球遠古以來的天懲之神・祖魯的樣貌

提問者B　您和雅伊多隆※和R・A高爾※之間……。

提問者A　您知道外星人嗎？

祖　魯　他們有另一套運行方式，所以我和他們不一樣，我們是負責「淨化地球的作用」。

提問者B　也就是地球遠古以來的「天懲之神」吧！

祖　魯　對，打從遠古以來就是。現在人口變得過於龐大，和蝗蟲一樣地增加。

※　雅伊多隆　支援幸福科學的外星人之一。在地球靈界中擁有高次元靈性力量，相當於「正義之神」。參照《耶穌、雅伊多隆、托斯神的靈言》（幸福科學出版發行）等。

※　R・A高爾　支援幸福科學的外星人之一。宇宙防衛軍司令官的其中一人，具有彌賽亞（救世主）的資格。參照《「幽浮解讀」寫真集》（幸福科學出版發行）等。

提問者A　不過，無論是從宇宙來看，或是從地球遠古時期的角度來看，您們皆認為「現在就是出手的時刻」吧？

祖　魯　嗯，現在必須讓人們找回信仰才行。如果讓地極移動都還不夠的話，我們就會讓地球一直快速轉動。

提問者A　您是說讓地球快轉嗎？

祖　魯　我們可以讓地球像烤丸子一樣一直旋轉，根本是小事一樁。

提問者A　您的樣貌長得像什麼樣呢？

祖　魯　我是幾億隻蝗蟲聚集在一起，像是土人偶一樣。

提問者B　原來如此。

提問者A　有男性或女性之分嗎。

祖　魯　沒有那種東西。

提問者A　也就是超越性別了。

祖　魯　這個嘛，雖然我不是「娘娘」（笑）……總之，我是「祖魯」。

提問者A　不過，您說您和蝗蟲有緣。

祖　魯　這個嘛，蝗蟲源自草中，吃草的蝗蟲。

提問者A　是。

祖　魯　草是最先出現於地表上，是地上生命的「起源」。

提問者A　原來如此。

祖　魯　「出現了草之後，再出現蝗蟲來吃草。接著又出現了動物吃蝗蟲，之後再由人類來吃動物」，就是如此食物鏈的關係。

提問者A　現在位於食物鏈底層的蝗蟲，展開了襲擊。

祖　魯　沒錯，當蝗蟲吃光所有能吃的東西之後，大家就等著餓死了。

「前來詢問，可否將沙漠蝗蟲放進日本」

提問者A　您今天是從非洲來的嗎？

祖　魯　這個嘛，說來話長，就是那個……。

我是來問，能不能把沙漠蝗蟲放進日本……。

提問者A 啊啊……。

提問者B 原來如此。

提問者A 畢竟是要飄洋過海的。

祖　魯 不，並非不能飛啊！蝗蟲光是一天就能飛四、五百公里遠。

提問者B 那麼，您是為了獲取誰的許可而來的？

祖　魯 我是為了獲得日本的神明許可而來。

提問者B 但我想應該是先往中國去吧！

提問者A 是啊！中國的小麥一旦損失慘重，恐怕也會影響日本。嗯，雖然還有美國的小麥。

祖　魯 日本只能有兩個月的存糧吧！麥糧會進不來啊！

提問者B 那麼就無法從中國進口了。

提問者A 不過，終究日本也有需要反省的地方。

提問者B 是啊！

4 天懲之神預測地球的近未來

論述地球人口減少的兩種劇本

提問者A 您知道新冠病毒嗎？

祖　魯 啊啊，知道啊！

提問者A 有一主張強烈認為「那並非是自然發生的病毒」。

祖　魯 嗯，這個嘛，我認為那是從低等動物身上演化而來的。

提問者A 根源是什麼？

祖　魯 嗯。

提問者B 聽說是蝙蝠等。

提問者A 據說是人從蝙蝠身上培養出來，使其變成更壞的東西。

祖　魯 的確是有人進行了培養。

這個嘛，當人口減少到只剩一半時，人就會形成免疫力，屆時就不會再受到感染了。

提問者A 人體會形成免疫力嗎？

削減掉一半的人口，那可真是不得了。

祖　魯　就看人類在人口減少到四十億之前，能不能想出對策啊！

提問者A　是在幾年之內，人口就會減少一半嗎？

祖　魯　不，預計還有幾波攻擊，所以不太清楚。

提問者B　除了未來「人口會大量銳減」之外，還有其他可能性嗎？

祖　魯　嗯……。那就是「外星人的侵略」。

提問者B　啊啊……，也就是說，不管如何，都會發生事端是吧？

祖　魯　還有一個方法，就是從宇宙召喚爬蟲類型外星人，並將其放養在地球上。

提問者A　也就是說，假如抱持著信仰的人本身若不變得強大的話，還是會輸嗎？

祖　魯　把人類變成爬蟲類型外星人的飼料就……。他們昨晚※不就過來觀察情況了嗎？

提問者A　是，還說「要吃掉人類」。

祖　魯　如果是身長五十公尺的龍，就幾乎是「哥吉拉」等級了。

提問者A　啊啊，只要地球內不自淨，減少人口的話……。

祖　魯　就會被當成飼料吃掉……。

※ 他們昨晚　在收錄此靈言的前一天4月5日，出現自稱是薩曼莎・米爾・凱德的龍型外星人的幽浮，進而收錄了幽浮靈性解讀。

提問者A　來自宇宙的人說「地球的人口太多了」，所以打算吃掉嗎？

祖　魯　只要把肚子餓得不像話的外星人叫來，他們就會吃掉人類，從人口眾多的地方開始吃起。的確是有這種侵略計畫。

當然還存在著想要加以阻止的外星勢力，他們正說著「在我們正加以阻止之際，必須要改變地球人的想法」。

這就是指導著你們的外星人們的想法。

那些爬蟲類型外星人說著「把人類吃掉就好了」，的確在他們的眼裡，人類看似食糧。

所以在某種意義上，就那些「想把人類當作食物」的外星人而言，若是病毒大流行、疾病橫行的話，人類就變得不能吃了。

提問者A　那的確會讓食慾大減。

祖　魯　的確食慾會大減。這個嘛，那也是某種意義上的防衛。

非洲饑荒也有防堵「來自中國侵略」的一面

提問者A　在和您講話之前，我聽說非洲的稻子和小麥出現了惡性黴菌……。

祖　魯　我現在正在讓非洲鬧饑荒啊！

提問者A　除了蝗蟲以外的方法，雖然不算是生物武器，是否您還培養了讓糧食減少的菌種呢？

祖　魯　嗯，這個嘛，我是不大清楚，但只要發生上億隻的蝗蟲，非洲的穀糧就會消失殆盡，人什麼東西都沒得吃。

提問者B　有人說「或許是被放了什麼東西」。

祖　魯　嗯，如果讓非洲變成即使被侵略也沒啥用的話，或許中國就不會動非洲的歪腦筋了。

提問者A　嗯？

祖　魯　如果非洲沒糧食，甚至還處於疾病大流行的狀態，那麼中國就有可能不會進來了。

提問者C　反過來說，就是「不會被中國侵略」了。

祖　魯　雖然這還很難說。

但是，與其稻子被收割，還不如自己先收割。

提問者A　原來如此，因為若還有稻子，中國就會入侵而來是嗎？

祖　魯　嗯，因為中國非常缺糧。先讓蝗蟲把非洲的米糧吃光。

提問者B　原來如此。

祖　魯　現今地球上的勢力版圖正變得有些複雜，所以我不是很清楚，各個國家也有著各種不同的盤算。

提問者A　原來如此。

陰陽師的力量變弱的日本，「詛咒」和「去除詛咒之術」也弱化了

祖　魯　現今日本無論是糧食或能源都要依靠外國，所以若是放任其自然的話，

日本的人口就會減少到相應的人數。

提問者B 是啊！

祖魯 日本的糧食自給率是百分之四十吧？不，應該更少吧？還有能源自給率也很低吧？日本的能源和糧食自給率都很低，假如沒有友好國家支援的話，日本的人口就會減少到一半以下。

如果連美國人都不能養活美國人自己的話，那就慘了。

總之，就如同當今地球上所出現「大量的中國人、大量的蝗蟲」一樣，世界各地到處都是中國人。

我想最後應該會發生「中國死神和印度死神，哪一方比較強」的戰役。此外，還有伊斯蘭教的問題。

提問者A　那會是一場怎麼樣的戰役呢？就死神來說，是不是看哪一方能創造出最多的死者就是勝方？

祖　　魯　嗯……，還有透過詛咒「削弱他國的勢力」。

提問者A　這樣啊！

祖　　魯　現今日本的陰陽師太弱了，「詛咒」和「去除詛咒之術」的力量都弱化了。

提問者A　是啊！

祖　　魯　日本太過於被其他國家的想法牽著走，也不會為了保護國家而祈禱，對吧？

提問者A 明治時期以後，陰陽師也消聲匿跡了。

祖　魯 所以，除非讓靈性思想再度復活，不然會接連不斷地發生惡事。

提問者A 那可真是不得了。

祖　魯 真的是會接二連三地發生。

提問者A 終究在愛爾康大靈轉生於世間的期間……。

祖　魯 當時之所以建造「奈良大佛」，就是因為接連發生許多惡事。

提問者A 是啊！當時疫病大流行。

祖　魯 當初就是因為疫病、戰爭、饑荒，接二連三地發生惡事，才開始建造大佛。也就是說，之所以發生那些惡事，都跟人們有無信仰有所關連。

提問者A　反過來說，如果人們沒有信仰的話，地球就會真的結束吧！

祖　魯　我不知道結果會變得如何，因為有很多力量在運行著。

削弱白色人種勢力的天懲之神

提問者A　請問在美國也有這種死神的存在嗎？

祖　魯　「天懲之神」都是隱藏起來的。當今白種人的繁榮，只有三百年左右的時間。

靈界的反應比較慢，所以三百年左右的繁榮，只不過是「不久之前的事」。應該說，主要的繁榮時期是近一百年吧？

提問者B 啊啊……。或許被滅絕的紅色人種會出來作祟。

祖　魯 很久、很久以前，就存在著「隱藏在靈界的人們」。特別是，我想可能會出現馬雅人或阿茲特克人。現在，歐洲也稍微浮出檯面來了。感覺現在出現了一股「削弱白色人種勢力」的力量。

提問者A 我明白了。

祖　魯 你們還必須收拾這種混戰狀況，想必很頭大吧？畢竟，幾乎沒有人認識「祖魯神」。

提問者A 不過，電影中好像偶爾會用到「祖魯」一詞，恐怖片曾出現過。

祖　魯　因為我把黑人帶到了美國，黑人可是擁有信仰的喔！

提問者A　對祖魯的信仰嗎？

祖　魯　嗯，他們具備著「要打倒白人」的信仰。此外，還有印地安族的天懲之神……。

提問者B　英國也有很多黑人。

提問者A　啊啊……。

祖　魯　印地安族當中潛伏著天懲之神，他們心中存在著國家被奪取的仇恨。

講述讓日本戰勝他國詛咒的祕計

提問者A　要讓日本戰勝他國的詛咒，該怎麼做才好呢？是「愛國心」嗎？

祖　魯　終究還是「『紫央子』要立身奮戰」。

提問者B　「紫央子」……（笑）。

提問者A　（笑）光靠「紫央子」不成吧？

祖　魯　她作為日本唯一的「詛咒之神」……。

提問者A　（笑）您是指「紫央子」嗎？

祖　魯　她可以擊退娘娘。

提問者A　還必須保護日本免受娘娘攻擊嗎？

祖　　魯　因為娘娘有可能會順勢弄一下日本。

提問者B　日本會牽連進去嗎？

提問者A　因為日本人也是「亞洲人」，而被一視同仁嗎？

祖　　魯　至少，中國的蕭條景氣會直接衝擊到日本吧？因為經濟上跟中國很緊密，所以會遭受直接衝擊。

提問者A　是啊！

祖　　魯　再過不久，安倍半夜醒來時，滿臉會被貓爪抓成大花臉喔！

提問者A　原來如此，是貓啊！

祖　魯　就是貓。

「幸福科學無法巡錫全世界，尚有眾多沉睡中的神靈」

提問者B　當某一個國家招來的怨恨能量越大，死者就會越多嗎？

祖　魯　嗯，這個嘛，那方面的構造……。我們不大使用統計方法，所以不太清楚。

提問者B　這樣啊！

提問者A　不過基本上，您只會對自己的國家動手嗎？還是也會對其他國家動手？

譬如，我想您也對現今黑人的想法感到憤怒，但對於那些迫害黑人的人們，您也會對他們發怒嗎？

祖　魯　嗯……。現在非洲也開始和伊斯蘭教展開交流，伊斯蘭教也廣布於整個非洲。這個嘛，我還在研究該怎麼做才好。

因為你們尚未到全世界巡錫，所以還有眾多「沉睡的神靈」。只要來到巫毒教國家，就可以讓你們看到很多東西，但你們還沒來……。

提問者A　大川先生去非洲巡錫時，遇到了非洲烏干達的神明「恩達嘎亞」。

提問者B　對，當時遇見了「恩達嘎亞」。

祖　魯　那種層級的神明，多得很。

祖魯神是「愛爾康大靈的侍從」

提問者A 烏干達的靈界，似乎尚有未知的世界，就連靈人當中也有稍微恐怖的人（笑）。

祖　魯 因為語言不通，所以才會覺得害怕吧！但我可以與其溝通，他們知道我是愛爾康大靈的侍從，愛爾康大靈和非洲也有著關係。

提問者B 您是指阿爾法吧！

祖　魯 祂正遂行著「人類之父」的工作。所以，就要看是地球發揮自淨作用，還是交由外星介入，讓外星人來仲裁。或許愛爾康大靈還要再狂野一些才行。

提問者A　狂野……。

祖　魯　沒錯。或許妳必須從「日本的熊貓」成長為「日本的巨大娘娘」。

提問者A　嗯？您是說我要變為「巨大的娘娘」，而不是愛爾康大靈？

祖　魯　對，妳必須要成為能擊倒中國娘娘的「巨大娘娘」。

提問者A　不過，真的可以把中國的娘娘擊倒嗎？

祖　魯　那可是靈力作戰啊！

「中國的娘娘即將大發雷霆」

提問者A 不過，該怎麼說呢？唯物論已經在中國及日本蔓延開來，這兩國是否應該進行反省呢？

祖　魯 前不久，日清戰爭時，日本才將中國娘娘擊倒過一次。

提問者A 是，日清戰爭。

提問者B 是指打倒清國嗎？

祖　魯 嗯。

提問者A 也就是說「不是去奪取國家，就等著被奪取」，或是「必須好好保衛國家不被奪走」。

祖　魯　嗯。

提問者A　不過，中國的娘娘是想減少中國的人口吧？

祖　魯　對，直到人們聽話為止。

提問者A　結果，娘娘也想拿下日本嗎？

祖　魯　誰知道呢？

提問者A　（笑）

祖　魯　那還得要商量一下。

提問者B　日本也會受到波及的意思？

祖　魯　不知道。

提問者B　日本的受害程度可以抑制到何種……。

祖　魯　因為日本讓中國的經濟規模過於擴張，所以無法全身而退。嗯，沒錯。

提問者A　不過，中國的娘娘應該沒有認為「目前中國的狀態是良好的」吧？

祖　魯　中國的娘娘即將「大發雷霆」。

提問者A　為什麼？

祖　魯　還不是因為人們「沒有信仰心」！

提問者A　我想也是。假設我變成了「日本的娘娘」，應該也會和她一樣吧！日本人也是一樣「信仰心不足」。

祖　魯　如果「中國的娘娘」把指甲伸長的話，日本人的臉也會遭殃。當中國的經濟率轉為負成長時，日本會變成什麼樣呢？妳應該不知道吧？

提問者A　日本應該會被拉下水吧！這我倒是知道，也就是說，日本人對此也必須留意才行啊！

祖　魯　嗯，中國人一旦沒糧食吃，就會開始吃人。知道嗎？所以，會先從滯留在中國的日本人開始下手。

提問者A　嗯，原來如此。

5 祖魯神給現代人的訊息

「要對神感到敬畏」

提問者A 那麼，最後請您為今天的內容做一個總結。

祖　魯 絕對不可小看非洲。小心一點，不久蝗蟲軍團就要出發了。還有其他狀況發生啊！要對神感到敬畏才行！

提問者A 也就是說，必須要找回信仰觀。

祖　魯　如果沒有天懲，就無從樹立正確的信仰。我們所做的工作，不外乎就只是為了這個而已。日本人現在不是因為疫情死了一百多人？才那麼一點人而已啊！如果蝗蟲飛過來的話，光是一天就會死上一、兩萬！

提問者A　您是指會死一、兩萬「人」嗎？

祖　魯　嗯。

提問者A　被蝗蟲襲擊嗎？

祖　魯　啃到只剩骨頭。

提問者B　是食人蝗蟲嗎？

提問者A　蝗蟲會演變成肉食性啊！

祖　　魯　嗯，什麼都吃。沒有草的話，就會開始吃動物，之後就會吃蝙蝠。雖然蝙蝠帶有病毒，但蝗蟲還是會吃。蝙蝠沒有贏面，因為蝗蟲的數量實在太多。如果被一百隻蝗蟲襲擊，蝙蝠是贏不了的。

提問者A　史上最強蝗蟲（笑）。

祖　　魯　感染上病毒的蝗蟲最後也會死掉，可是蝗蟲的繁殖力很強，有復原力。

提問者A　我知道了。

「天懲是因為人們沒有信仰，若有信仰就不會出現天懲」

祖　魯　這點程度的病毒就騷動成這樣，日後該怎麼辦啊？

提問者A　莫非還會變得更可怕？

祖　魯　會變得更可怕啊，那已經不是用「布口罩」就可以防堵的了！就算穿了衣服，連衣服都會被吃光。

提問者A　電影「心靈咖啡館」※就無法上映了吧？

祖　魯　那個啊，在所有電影院上映不就好了？

※　電影「心靈咖啡館」　寫實電影《心靈咖啡館的驅魔師》（製作總監　原作大川隆法、腳本大川咲也加、日本2020年5月上映，台灣同年8月上映）。

提問者A　（笑）也就是說，這部是必看的電影啊！

祖　魯　因為其他電影都暫停上檔了嘛。我贊成提高信仰心。單純只是恐怖電影，就沒有意義。若能喚醒人們對神的信仰，那就很不錯。我們可沒有做壞事。只是為了讓愛爾康大靈的時代得以到來，而將「海水劈成兩半」，以便使其跨越海洋、穿越沙漠而來罷了。

提問者A　我明白了。

祖　魯　「日本的巨大娘娘」，要加油啊。妳最大的能力就是「天懲能力」。

提問者A　（笑）我可以加入你們的行列嗎？

祖　魯　嗯。所以，大地之母蓋婭平時是不可能存在的，而是用其他形式出現。

提問者A　因為我曾經以獅子之姿出現過吧！

祖　　魯　對。

提問者A　我明白了。

祖　　魯　嗯，總之，非洲的祖魯來向愛爾康大靈打聲招呼，你們只要留意別被人們誤解就好了。

提問者C　天懲是因為人們沒有信仰……。

提問者A　是啊！

祖　　魯　對於那些沒有信仰的人們會出現天懲，有信仰的人就不會有天懲。

提問者Ａ　不過，現今日本人卻撻伐信仰，根本是反過來了。

提問者Ｃ　是啊！那與神心完全背道而馳。

祖　　魯　這是不可原諒的。

提問者Ａ　現在人們對於信仰的認識，彷彿像是天與地剛好顛倒過來。

祖　　魯　嗯，所以那是我絕不容許的。現在惡魔握有著主導權，那可不行啊！

「若是藐視神明，身為神明侍從的我們可不會保持沉默」

提問者Ａ　那麼，天懲之神會和惡魔決戰嗎？

祖　魯　我們可不是惡魔，我們比惡魔還要強。

提問者A　您們還能誅罰惡魔嗎？

祖　魯　嗯，我們會粉碎惡魔所有的掙扎。

提問者A　原來如此。

祖　魯　即使地獄界存在，然而我們還是能使地獄界發生山崩、填平沼澤、破壞洞窟，把地獄搞得天翻地覆。

提問者A　就連地獄界的人們也會感到害怕。

祖　魯　他們會嚇得四處逃竄。我們會跟他們說：「你們這些沒有信仰的人！身在地獄界當中，還得接受懲罰」、「都是因為你們，才使地上變得如此惡化，所以絕不可饒恕！」

提問者A 的確是那樣。

祖　魯 萬一我們聯手起來，就會懲罰直到文明結束為止。過去已經有過好幾次，不過現在還沒有到那種程度。現在還是「前哨戰」，必須要讓人們「洗心革面」才行。我們對日本政府也會施以一定的制裁。

提問者A 明白了。

祖　魯 真的明白了嗎？能理解嗎？

提問者A 我確實理解了大概的輪廓。

祖　魯 我們所說的內容，實在是非常單純，「若在超過五十億人口的階段時，尚未樹立愛爾康大靈信仰的話，地球人就會走向毀滅」。

提問者A　是，現今似乎可以感覺到「已經沒有讓人類繼續於地球生存的價值了」。

祖　魯　要知道，若是藐視神明，身為神明侍從的我們可不會保持沉默。雖然你們人類懂得發射火箭、導彈，也知道如何讓潛水艇沉入海裡，感覺自己能統治全世界，但是要讓你們消失……。繁殖蝗蟲、繁衍病毒、遮蔽太陽、讓地球溫度升高或下降，任何一種手段，都能讓你們無法生存下去。

提問者A　確實是。人類之所以還能存在於地上，都是因為神明的偉大安排，是成立於對神明抱持著信仰的平衡上。

祖　魯　嗯，你們必須認識到，自己就像是「串起來的烤雞串」一樣。
雖然我說了恐怖的內容，但這種程度的警告應該還可以吧！

「你們雖想用兩個布口罩對抗疫情，但需要的是信仰」

祖　魯　日本自明天起將對首都及其他城市※發出「緊急警報」，不過我想大概還是會按照唯物論的方式應戰，對於每戶家庭寄出兩個布口罩來對抗疫情的作法，我得說「現在需要的是信仰」。
幸福科學的信徒必須得再加把勁，否則就會引發「全

※　明天起將對首都及其他城市　2020年4月7日日本政府對東京都、神奈川縣、千葉縣、埼玉縣、大阪府、兵庫縣、福岡縣發佈緊急事態宣言。

世界的骨牌效應」。感到害怕嗎？過去我在愛爾康大靈於非洲之際，可是好好地工作過的啊！

提問者A　您和祂一起嗎？

祖　魯　我是侍從。為了戒備，總是要準備些猛獸吧！

提問者A　是啊。

祖　魯　是吧？那樣才能稱之為神。

提問者A　是，我明白了。

祖　魯　我想在非洲樹立信仰，並邀請愛爾康大靈前來。

提問者A 是啊！請務必要那麼做。

祖　魯 我想要平定搗亂之人，樹立信仰。請你們務必培養不輸給巫毒教的詛咒能力。

提問者A 培養？

祖　魯 對，請養成那種能力。

提問者A 原來如此，知道了。

祖　魯 巫毒教可是有著增加那方面的能力喔！

提問者A 您是指增加「蝗蟲」之類的嗎？

祖　魯　還有增強「病毒」、「疫病」等等其他的力量。

提問者A　可以將「蝗蟲」視為您的象徵嗎？

提問者B　是不是像是蝗蟲的集合體，形成了一個如同土偶般的形狀？

祖　魯　不是，那個，嗯……。

提問者A　您剛剛說到了「猛獸」，其實那是指「蝗蟲」吧？

祖　魯　我率領著幾千億隻的隨從呢！

提問者A　率領蝗蟲嗎？

祖　魯　不，從某種意義來說，我這是創造了生命。

提問者Ａ　原來如此。

祖　魯　我在地上創造出了生命，雖然體型小，但我是第一個在地上創造出所謂「植物」、「動物性之魂」的存在。

提問者Ａ　啊啊，原來如此。

祖　魯　知道了嗎？

提問者Ａ　是。

「不讓中國統治全世界，中國將有另一個國難來襲」

祖　魯　對日本人來說，或許會覺得恐怖，但這不過是這數千年、一萬年之間的勸善懲惡之行而已，我們只不過是明確地區分出善惡罷了。

提問者A　也就是說，這不是從現在才開始的吧？

祖　魯　從過去就開始了。

提問者A　明白了。

祖　魯　不可以讓國家步入滅亡，必須要樹立「何為正確的思想」。

提問者A・B　謝謝您。

祖　魯　中國已經被外星人、蝗蟲盯上了，雖然狀況變得很混亂，但絕對不可讓世界被如此狀態的中國支配。

提問者A　是啊！中國現正打算廣布自己的價值觀。

祖　魯　沒錯，對於疫情還向外界撒謊，假裝自己像是個先進國家。請睜大眼睛看，接下來中國還會有另一個國難來襲。

提問者B　是。

祖　魯　好。

提問者A　謝謝您。

提問者B　謝謝您。

大川隆法　（拍手一次）

第二篇

中國的女神・泰山娘娘是何人？

第1章　泰山娘娘的靈言

二〇二〇年四月二十四日
收錄於幸福科學特別說法堂

泰山娘娘

中國民間信仰中的女神。所謂「娘娘」原指「母親」、「貴婦」、「皇后」等意思，根據職責的不同而有各種娘娘。其中以泰山娘娘的輩份最高，被人們視為守護神、送子神而崇敬。有時也被視同於道教的女神碧霞元君。

〔兩位提問者，分別以A・B標記〕

〈靈言的收錄背景〉

為了調查「非洲天懲之神　祖魯的靈言」（第一篇）所說的「娘娘」，本篇靈言進行了相關調查。

1　中國的女神・娘娘是何種存在？

招喚祖魯神所介紹的「中國謎樣的女神」

（編注：背景正在播放著幸福科學的根本經典《佛說・正心法語》CD）

大川隆法　非洲之神祖魯啊！非洲之神祖魯啊！

我想要招喚您在上次靈言中，提到的中國的謎樣女神・娘娘前來。

根據各種記載，似乎娘娘有分各種等級。因為無法確定是哪一位娘娘，祖魯神所說的娘娘是哪一位呢？我想要招喚祖魯神所說的娘娘前來。

對於唯物論大國的中國而言，我想這將成為讓人們覺醒於靈界思想的契機。

祖魯神所說的中國女神娘娘啊。祖魯神所說的中國女神……。

娘　　娘　喀、喀、喀、喀……（強烈咳嗽）。嗯，啊啊……，喀喀、喀、喀……

（咳了一會兒）。

提問者A　您是祖魯神嗎？

娘　　娘　（不停咳嗽）……我是娘娘。

提問者A　啊，您是娘娘啊！

提問者A・B　謝謝您。

提問者A　您是前幾天祖魯神所說的娘娘嗎？

娘　娘　嗯。哈哈哈……。

提問者A　就娘娘來說，好像有「〇〇娘娘」之類的各種稱謂，請問您是哪一位娘娘呢？

娘　娘　嗯？

提問者B　我聽說「娘娘」是「女神」的意思，不過在「娘娘」的前面……。

提問者A　有附帶什麼頭銜嗎？

娘　娘　嗯？

提問者B　您是什麼名字的女神呢？

娘　娘　呼，我早就忘了。

提問者B　那麼，平時人們都怎麼稱呼您呢？

娘　娘　娘娘。

提問者A　總之，就是所謂的「娘娘」是吧？

娘　娘　娘娘。

提問者A　您聽得懂日語嗎？

娘　娘　娘娘。

提問者A　也就是「聽得懂」（笑）。

「泰山娘娘」是以何種女神之姿而受到人們信仰呢？

提問者A　前幾天，我和某位娘娘※聊了一下，她說「她住在洞庭湖的湖底」。請問您呢？

娘　娘　嗯……。（約五秒鐘的沉默）嗯……。

提問者A　略有不同嗎？

娘　娘　嗯……。嗯，雖然在洞庭湖也有娘娘，不過那是「比較

※ 某位娘娘　在本靈言收錄前幾天的4月15日，有一位生靈來到大川隆法總裁的身邊，遲遲不回去，於是嘗試著招喚「娘娘」時，出現了洞庭湖娘娘。

可愛的娘娘」。

提問者A （笑）

提問者B 那麼，今天前來的娘娘，是從哪裡來的呢？

娘　娘 嗯？嗯……。我是身為「中國最高之神」而來。

提問者B 那麼，您平時都住在中國的中央嗎？

娘　娘 嗯？嗯，什麼是「中央」？

提問者B 北京之類的地方。

娘　娘 臭死了、臭死了。

提問者B　北京很臭嗎？

娘　娘　嗯。

提問者A　那麼您平時都在哪裡？

娘　娘　嗯？嗯……，山裡吧。

提問者A·B　山裡？

娘　娘　嗯。

提問者A　山的名字是什麼。

娘　娘　泰山？

提問者A 是泰山嗎？啊，那麼，您是「泰山娘娘」嗎？

泰山娘娘 嗯，應該可以稱為泰山娘娘吧！

提問者A 泰山娘娘被人奉為「最偉大」的娘娘。

泰山娘娘 嗯，是。

提問者A （笑）

提問者B 是道教聖地之一的泰山嗎？

泰山娘娘 嗯，若以日本來說的話，就如同富士山的最高神靈。

提問者A 「泰山娘娘」是作為「天母娘娘」，位於至高無上的地位。

泰山娘娘　嗯。

提問者A　您知道「泰山府君」嗎？

泰山娘娘　嗯、嗯。以前曾經跟他一起玩過。

提問者A　「曾經跟他一起玩過」。

泰山就是中華人民共和國山東省泰安市的那座山，是嗎？

泰山娘娘　我不知道，或許是吧！

提問者A　（苦笑）（一邊給泰山娘娘看泰山的圖片）就是這種感覺。

泰山娘娘　嗯？真是險峻陡峭啊！

提問者A 您是女性嗎？

泰山娘娘 嗯。

提問者A 過去帝王即位之際，都會到泰山進行「封禪」儀式，昭告天地，感謝天下太平。

泰山娘娘 嗯，是的。會在泰山進行儀式啊！

提問者A 泰山府君是道教的神明，也被稱為東嶽大帝。據說，自古以來泰山就是死者亡魂的聚集之處，而泰山之神則被視為「冥界的最高神靈」，泰山府君則被視為司掌人類壽命和生前地位的神靈。

泰山娘娘 嗯，是這樣沒錯。

提問者A　泰山府君是東嶽大帝，據說東嶽大帝手中有一本詳細記載人們運勢的「祿命簿」。

泰山娘娘　嗯、嗯，沒錯，那是他的工作。

提問者A　東嶽大帝被視為統治天界或宇宙的道教中，最高的神靈玉皇大帝的孫子。

泰山娘娘　嗯，有各種說法。

提問者A　東嶽大帝似乎也是日本陰陽道的主祭神。

泰山娘娘　嗯，你們算是「隨從」了。

提問者A　請問您和東嶽大帝、泰山府君是什麼關係？

泰山娘娘 泰山府君？我剛剛不是才提到，「以前曾經跟他一起玩過」。

提問者A 泰山娘娘也被稱為碧霞元君，是泰山信仰中最有人氣的女神。

（一邊介紹碧霞元君的圖片）就是這一位。

泰山娘娘 嗯？長得挺漂亮的啊。

提問者A 這是誰？

泰山娘娘 不就是我嗎？

提問者A 看來就是這個人沒錯。

還有另一個別名是「天仙聖母碧霞玄君」……。

泰山娘娘 名字那麼長。

提問者A　此外似乎還有「泰山老母」、「泰山玉女」、「天仙娘娘」等稱呼。

泰山娘娘　聽起來真不錯。

提問者A　司掌工作運、婚姻、豐收等。
特別是在華北地區，比「西王母」更受到人們的尊崇，在古代文獻中還被列為七仙女之一。

泰山娘娘　七仙女不像話啊！

提問者A　（苦笑）據說，碧霞元君也被視為「東嶽大帝的女兒」。

泰山娘娘　嗯。

2 詢問泰山娘娘的信仰觀

對唯物論的毛澤東與習近平主席展露不悅的泰山娘娘

提問者A　那麼，請問娘娘您是如何看待當今的中國？

泰山娘娘　嗯……，我覺得有點不像話，完全輕視信仰。

在我看來，毛澤東根本就像蟑螂一樣。中國竟然建造了他的雕像來膜拜，難怪中國會墮落。得將其吃掉才行啊！

提問者B　吃掉誰？

提問者A　習近平嗎？

泰山娘娘　嗯？毛澤東之後到習近平為止的那幫傢伙，都要當作蟑螂，油炸吃掉。蟑螂一經過油炸就可以吃了。

提問者A　也就是說，您無法原諒毛澤東之後的中國。

泰山娘娘　嗯，要吃掉⋯⋯。真是一群蟑螂！增加的只有國家的人口，其他的根本不像話啊！

提問者B　前幾天祖魯有說過，娘娘要減少中國十億左右的人口⋯⋯（請參照本書第一篇）。

泰山娘娘 他怎麼可以輕易講出這個「機密」！

提問者B （笑）抱歉。

泰山娘娘 像那種非洲神，怎麼可以說出這種「機密事項」！

提問者A 您知道祖魯神嗎？

泰山娘娘 啊啊……。嗯，以前曾經去過那裡打獵過。

提問者B 去打獵？非洲嗎？

泰山娘娘 嗯，去打獵。

提問者B 從中國嗎？

泰山娘娘　嗯，那是我還在當侍從的時候。

提問者A　您的根據地是中國嗎？您經常都在中國嗎？

泰山娘娘　嗯？那不是世界的中心嗎。

提問者A　中國嗎？

泰山娘娘　嗯。

提問者B　是「中華」吧。

提問者A　原來如此。

提問者B　請問您實際上打算讓人口變成多少人呢？

泰山娘娘　我會把人類像天婦羅一樣炸來吃，到底能吃下多少呢？

提問者A　您會吃人嗎？

泰山娘娘　嗯？不，我不吃人。而是把「不配作為人類的傢伙」做成天婦羅。

提問者B　您是指沒有信仰的人嗎？

泰山娘娘　沒錯。

提問者B　也就是說，您認為那些人「不配作為人類」。

泰山娘娘　嗯，就道教來說……，道教有些狹隘。比起道教，還有更根本的教義。但要講得比較淺顯易懂的話，就得興起「道教革命」才行。

泰山娘娘是統管九尾狐的「十尾狐」？

提問者A　所謂要抱持信仰，是要對哪位神明抱持信仰呢？

泰山娘娘　嗯？就是娘娘。

提問者A　那麼「天帝」呢？

泰山娘娘　天帝算是我的情人。

提問者A　「情人」？

泰山娘娘　一旦正式成為夫妻，就會要求地位對等，那可不行。

提問者A　那麼，您的地位比較「崇高」嗎？

泰山娘娘　就是啊！那還用說？沒聽過中國女性至上嗎。男性就是「工蜂」啊！

提問者A　這樣啊！

泰山娘娘　我是「女王蜂」，專門接受進貢。

提問者A　在我們的調查之中，發現您是統管天下妖狐的人。

泰山娘娘　什麼「統管妖狐」，在你們的用詞上，怎麼聽起來好像不是件好事？

提問者A　是。

泰山娘娘　九尾狐有一大群，但「十尾狐」就只有一人。

提問者B　那是指您嗎？

泰山娘娘　當然！我從宇宙創世之際就存在了。

提問者B　還有一說是，要增加一條尾巴，需要修行千年左右。

泰山娘娘　千年不過是轉瞬之間的事。

「派遣了司掌熊貓的女神到日本來」？

泰山娘娘　所以從形成中國大陸開始，到創造出喜馬拉雅山為止，我都一直在看著這個地方。

提問者A　到創造喜馬拉雅山為止，您都一直看著這個地方？

泰山娘娘　嗯。

提問者B　喜馬拉雅山是印度大陸板塊所推擠而成的吧？

泰山娘娘　不……，那屬於中國，也屬於印度。

印度是個「新國家」啊！從太平洋？還是印度洋？總之板塊是從大海那裡推擠過來，形成了一座山。中國還是比較廣大且歷史悠久啊！

提問者B　那麼，觀察中國悠久的歷史，哪個時代是最佳時代呢？

泰山娘娘　「娘娘降臨」的時代。

提問者A　那是什麼時候呢？您曾經擁有肉體嗎？

泰山娘娘　嗯，那已經是很久遠的事，我忘記了。嗯……，總覺得我好像曾創造出作為寵物的熊貓。

提問者A　史丹李（Stan Lee）的守護靈也曾說過「他創造了熊貓」。

泰山娘娘　那是騙人的。

提問者A　騙人？他說謊嗎？

泰山娘娘　他明明是美國人，跟熊貓有啥關係。

提問者A　（苦笑）

提問者B　您是何時曾轉生於地上的？

泰山娘娘 要是我告訴你的話，神格是會被降低的，我得多留意才行。

提問者B 不過，請您務必告訴我們您那輝煌的身姿。

泰山娘娘 不就是黃金打造的嗎？

提問者A （拿出先前的碧霞元君圖片）是，您指的就是這個吧？

泰山娘娘 就是這個模樣沒錯。像中國這種窮國家，如果能用黃金打造，那可是不得了的事啊！不過，要是用黃金作成的話，馬上就會被偷走啊！

提問者A 還有另一位中國知名的女神，叫做「西王母」。雖然不知道是否真的是女神，但您和這個人的關係是？

泰山娘娘 寫著「西王母」，所以她就是在西方。

提問者A 啊，那麼，也就是說有東西方之分囉？

泰山娘娘 嗯，有各種民族啊！

提問者A 那麼，您是負責司掌東方。

泰山娘娘 不，真要說是「東方」的話，範圍就太小了，我不太喜歡這種說法。我可是掌管「中國全境」。應該不只中國，而是「歐亞大陸」。我在茅房裡噗通一聲之後，歐亞大陸不就誕生了嗎？

提問者B （約五秒鐘的沉默）是嗎？（苦笑）

提問者A 您有信仰誰嗎？

泰山娘娘　我是被信仰的對象，我不知道你在說什麼。

提問者A　請問您如何看待日本？

泰山娘娘　日本？嗯……。我放了一隻熊貓……。不，不是熊貓，我派遣了一位「司掌熊貓的女神」。

提問者A　嗯？

提問者B　啊，您認識A嗎？

泰山娘娘　是叫做「鹽鹽」對吧？

提問者A　我叫做「鹽鹽」（笑）？

提問者B　鹽鹽？

提問者A　不就是約翰・藍儂之靈取的名字嗎？對抗「娘娘」的就是「鹽鹽」。

提問者B　啊，對喔。

提問者A　您知道鹽鹽嗎？

泰山娘娘　嗯，我要鹽鹽多多照顧在日本的熊貓。

提問者A　（笑）

提問者B　您是從什麼時候開始認識鹽鹽的？

泰山娘娘　嗯？鹽鹽是……嗯，鹽鹽是什麼時候出生在日本的呢？不，鹽鹽曾經在中國啊！

提問者B　打從那個時候起就認識了嗎？

泰山娘娘　嗯？嗯，鹽鹽當時對我抱持著信仰，畢竟我是中國的最高神靈。

中國的信仰，基本上都只追求「現世利益」

提問者A　您知道「愛爾康大靈」嗎？

泰山娘娘　嗯，愛爾康大靈，很洋式的名字啊！

提問者A　嗯，的確是片假名的名字。

泰山娘娘　嗯，應該也有中文名字吧！

提問者A　「天帝」，是天帝。

泰山娘娘　天帝……。天帝，嗯。天帝啊！嗯，是天帝啊！感覺不出天帝比我更偉大啊！如果是稱為天帝的話，就不會出生在中國了。

提問者B　您知道孔子嗎？

泰山娘娘　他的地位在「下面的下面的下面」。

提問者A　據說「玉皇大帝」是天界或宇宙的統治者。

泰山娘娘　不，距離現代這麼近的人，怎麼可能是宇宙的統治者。

提問者A 以日本來說，感覺上地位就像是天御中主神。

泰山娘娘 我不清楚日本那種「一尾狐的世界」的神話。

提問者A 終究還是跟狐狸有關嗎？

泰山娘娘 嗯，稻荷信仰，是從中國傳過去的。

提問者A 總之，就中國來說，無論是稱為「仙女」或是擁有神秘力量的人，全都變成了妖狐了是嗎？

泰山娘娘 中國的信仰都只是為了現世利益啊！全都和唯物論連結在一起。

提問者A 您也有那種信仰嗎？

泰山娘娘 若是這個世間出現恩惠、穀物豐收、漁獲豐收，那都是因為「神的力量」，但若是出現饑荒、疫病流行、不幸的事情接踵而來，就是起因於「神的憤怒」啊！

提問者A 原來如此。

泰山在中國有著巨大靈界

提問者B 在中國靈界當中，若是地上的人生結束後，會去到何種靈界呢？

泰山娘娘 亡者們會朝向泰山聚集而來。

提問者B 亡者的靈魂會聚集至泰山？

泰山娘娘 泰山有相當大的靈界。

提問者B 在那裡都是過著什麼樣的生活？

泰山娘娘 就是在那裡進行特訓，累積力量，等待下一次投胎轉世的機會。

提問者A 有天堂或地獄之類的地方嗎？

泰山娘娘 嗯，泰山是天堂。

提問者A 地獄呢？

泰山娘娘 嗯？嗯……，地獄是「勞動者們住的地方」。

提問者B 死了也要……。

提問者A　勞動嗎？

泰山娘娘　嗯，總之，地獄就是奴隸去的地方。
來到我們這邊的，大多是進行著仙人修行的人們。

提問者A　那麼，您知道喜馬拉雅山中的「香巴拉」嗎？

泰山娘娘　嗯，那種地方是我放個屁就生出來的地方。

提問者A　（苦笑）您的形容很另類。

泰山娘娘　最近放屁之後，屁竟然進入聖母峰，形成另一個空間。

泰山娘娘的樣貌是「巨型熊貓」還是「十尾狐」？

提問者Ａ　先前，愛德加・凱西之靈有提過「的確有娘娘的存在，不過那就像是罕見的ＵＭＡ（身份不詳的生物）般的存在」。

泰山娘娘　嗯。

提問者Ａ　您知道「ＵＭＡ」嗎？

泰山娘娘　是雪女嗎？

提問者Ａ　大概就是那種類型。

泰山娘娘　還是雪男？還是雪怪？

提問者A　在靈性上來說，您是何種模樣呢？

泰山娘娘　嗯？這個嘛……，就像是巨型熊貓穿著和服的樣子。

提問者A　咦？之前從洞庭湖來的人也是這樣說啊（注：在四月十五日洞庭湖娘娘的靈言中，她曾提到自己的模樣是「大熊貓穿不下和服的樣子」）。

提問者B　的確她曾經說過。

泰山娘娘　我跟她的身型大小不同。

提問者A　啊啊，是這樣啊！

泰山娘娘　她可是屬於「女兒」的輩分。

提問者A　啊啊……。

提問者B　不過，您也是「十尾狐」對吧？

泰山娘娘　那是「化身」。

提問者A　您知道狸貓嗎？

泰山娘娘　狸貓正被追趕著。

提問者A　正被追趕？

泰山娘娘　嗯，狸貓正被逼入狹隘的世界裡。

提問者A　那麼，九尾狐是您的弟子？

泰山娘娘 那是當然，我正派他們前往世界各地。

提問者A 啊！九尾狐有著讓國家「毀滅」的特性。

泰山娘娘 沒錯吧！

提問者A 您也司掌那個部分嗎？

泰山娘娘 所以說啊，創造、繁盛、毀滅，這就是神的特徵。

提問者B 九尾狐很喜歡去毀滅掉最繁盛之處。

泰山娘娘 嗯，反正他們會感到很有趣。

提問者B 啊啊，那麼您又有什麼不同的想法嗎？

泰山娘娘 嗯，改朝換代時，終究還是得要獲得娘娘的允許啊！

提問者Ａ 也就是詢問「可以改朝換代嗎」。

泰山娘娘 嗯。

提問者Ａ 這和「易姓革命」等思想有所關連嗎？

泰山娘娘 嗯，嗯。嗯。

提問者Ｂ 他們在行動之前，會有誰下指令嗎？或者是會有誰跟他們說「幫我去推翻這個朝代」嗎？

泰山娘娘 嗯，我的手下們會在世間引發各種事件。當他們前來詢問「可以動手嗎」時，有時我會回答「好」，也有時我會回答「住手」。

提問者B　也就是說，他們會前來詢問您的意見？

泰山娘娘　嗯，因為那些是地上界的事情。

提問者B　您的手下，除了狐狸還有其他嗎？

泰山娘娘　嗯，也有很多是扮成人類的模樣。

提問者B　在您的手下當中，是否有我們認識的人……。

泰山娘娘　你們也可能曾經是我的手下。

提問者A　是指在三國志時代嗎？

泰山娘娘　嗯，在各種朝代。

3 泰山娘娘如何看待這個世界？

佛教「不可靠」、印度「稱不上是文明國家」

提問者B 佛教在中國曾經有過相當興盛、流行的時代……。

泰山娘娘 佛教啊，有點不太可靠啊！

提問者B 您不怎麼喜歡嗎？

泰山娘娘 我多少還算是可以接受，只不過，印度人好臭啊！

提問者A　（苦笑）

提問者B　您和印度的關係不好嗎？

泰山娘娘　印度啊！稱不上是文明國家。

提問者B　您和印度教的神明沒有交流嗎？

泰山娘娘　嗯，關係沒那麼好啊！

提問者B　您和「濕婆神」之間的關係如何呢？感覺起來您們負責的工作很像啊！

泰山娘娘　嗯，那僅是最近才出現的國家啊！

提問者A　您司掌的宗教是道教嗎？

泰山娘娘 不，我不喜歡被那樣定義。我可是地球歷史當中，最大、最古老的根源之一。

提問者A 那麼，您和老子之間又是如何呢？

泰山娘娘 妳問我這麼近代的人，我怎麼會知道。

提問者B 您知道阿爾法嗎？

泰山娘娘 那種洋人的名字，不認識。

「習近平死後會下山犬地獄，被山犬吃掉」

提問者A 您剛才曾提到類似「不會饒過習近平」的話語，他死後會變得如何呢？

上不了泰山嗎？

泰山娘娘　首先，他會被山犬吃掉。

提問者B　被泰山的山犬？

泰山娘娘　他會被「山犬地獄」當中的山犬吃掉。

提問者A　什麼？

泰山娘娘　山犬會朝他襲擊而來……。所以，因為這傢伙生前認為人只有肉體，在他死後，就讓山犬去啃咬他的「肉體」。

提問者A　那麼，看來您很厭惡唯物論。

泰山娘娘 唯物論是錯誤的。
不可只追求現世利益啊！光是向神明祈求現世的利益，只考慮世間溫飽的話，那就是人類的傲慢，也是應該被毀滅的對象。

提問者A 那麼，日本稻荷信仰是源自中國嗎？

泰山娘娘 嗯，是從中國逃竄出來的傢伙們搞的。

提問者A 啊啊。

提問者B 人們向日本稻荷神社祈願時，心願會傳到您那邊去嗎？

泰山娘娘 怎麼可能！

提問者B 也就是說傳不過去。

泰山娘娘　日本搞得都是些沒什麼格局的事。

詢問對慈禧太后、武則天、楊貴妃、秦始皇的印象

提問者A　您有最親近的弟子嗎？

泰山娘娘　所謂最親近的弟子……，嗯，娘娘也有區分許多種類。嗯，或許「娘娘群組」就是妳所說的弟子吧！

提問者A　比方說，有一位名為慈禧太后的人……。

泰山娘娘　原來如此。

提問者A　她是您的弟子嗎？

泰山娘娘　嗯……（約五秒鐘的沉默），我不怎麼喜歡啊！

提問者A　啊啊……，那武則天呢？

泰山娘娘　嗯……也不怎麼喜歡啊！

提問者A　楊貴妃？

泰山娘娘　嗯……她在日本好像滿有名的。

提問者A　在中國呢？

泰山娘娘　在中國算是惡女吧！

提問者B　您喜歡她嗎？

泰山娘娘　嗯，不怎麼喜歡。

提問者A　妲己？

泰山娘娘　嗯……該怎麼說呢？她的個性很像我有時怒火中燒的感覺。

提問者A　那麼，是不是您一旦怒火中燒，就會把對方處理掉？

泰山娘娘　嗯，也有那麼一面。不過，並非總是如此。

提問者A　那麼，您是怎麼看項羽和劉邦的呢？

泰山娘娘　嗯……項羽和劉邦嗎。嗯，他們的確打了一場「精彩的比賽」。

提問者A　對不起，再往更之前的時代。您怎麼看秦始皇呢？

泰山娘娘　嗯……秦始皇根本不是第一位皇帝，那是在說謊。

提問者A　不是他嗎？

泰山娘娘　嗯。

提問者A　堯、舜是神話當中的人嗎？

泰山娘娘　嗯，嗯，他們算是我的子孫吧！

提問者A　應該不是壞人吧？

泰山娘娘　嗯，不是壞人，他們有著信仰心。

對日本諸神有何看法？

提問者B 有哪一個人讓您覺得「這個人不錯」？

泰山娘娘 我說啊！我已經有十億年的歷史啊！就算你跟我說最近幾千年左右的人，都算是身份地位很低的庶民啊！

提問者A 那麼，您知道天御祖神嗎？

泰山娘娘 嗯……天御祖神……嗯……，總覺得好像是蠶從空中拉大便的感覺。

提問者A 那是什麼比喻（笑）。蠶？

泰山娘娘 嗯。

提問者A 您是說，那看起來像是蠶嗎？

泰山娘娘 不是蠶嗎？

提問者A 身體圓圓的嗎？

泰山娘娘 就像是飛在空中的蠶在拉大便的感覺。

提問者A 看來您很喜歡大便啊（笑）。

提問者B （笑）

泰山娘娘 嗯，因為是肥料。

提問者A 啊啊，農業之需。

泰山娘娘　嗯。

提問者A　那麼，您覺得日本的神明……。

泰山娘娘　不就是蠶的子孫嗎？日本的神明不就是蠶嗎？

提問者A　您知道天照嗎？

泰山娘娘　嗯，是養蠶的那一個吧？應該是農業的指導者吧！

對於和祖魯神之間的關係提出異議

提問者A　您和其他國家的神明有交流嗎？

泰山娘娘　沒有。

提問者B　但您應該知道祖魯神吧？

泰山娘娘　嗯？

提問者A・B　祖魯神。

提問者B　非洲的。

泰山娘娘　我是什麼時候認識祖魯的呢……？

提問者B　祖魯神說過「與我像是雙胞胎一樣的存在」。

泰山娘娘　誰？

提問者B　您啊！

泰山娘娘　我嗎？

提問者A・B　是。

泰山娘娘　跟誰像雙胞胎？

提問者A　祖魯神。

泰山娘娘　為什麼？

提問者A　您認為您的位階比較高嗎？

泰山娘娘　為什麼要將我與那種文明未開化的國家相提並論？

提問者B　他的確曾那麼說過。

泰山娘娘　終究大家都想和我一起拍照啊！

提問者B　看來您很受歡迎。

提問者A　為什麼狐狸一旦有了十個尾巴，就要變成熊貓呢？

泰山娘娘　嗯？熊貓？熊貓比狐狸更厲害啊！嗯，那可是最高傑作啊！

提問者A・B　熊貓嗎？

泰山娘娘　嗯。

提問者B　您知道潘格爾※嗎？

泰山娘娘　洋人的名字，不認識。

提問者A　已經很少偉人的名字，是用漢字寫的了。

泰山娘娘　如果不叫中國式的名字，好比「潘潘」之類的，否則我就不認識啊！

提問者A・B　（笑）

在靈界當中，從聖母峰到韓國一帶都在管轄之內？

提問者A　那麼，您平常在靈界當中都是什麼模樣呢？

泰山娘娘　平常？我只要一攤開這件和服的下擺，從聖母峰那頭到

※　潘格爾　具有保護地球神的使命，被創造為熊貓型生命體的守護神。將在動畫電影「宇宙之法－埃洛希姆篇－」（「宇宙之法 Part II」、預計2021年上映）中登場。

韓國上方，全都在我的衣擺範圍之內。

提問者A　範圍很大啊！

泰山娘娘　嗯。

提問者B　範圍有幾公里？

泰山娘娘　嗯，有幾千公里吧！

提問者A　日本沒有包括在裡面吧？

泰山娘娘　會被水弄濕。

提問者A　（笑）

提問者B　您不太喜歡水嗎？

泰山娘娘　什麼？水會把和服弄濕，不可不小心。

提問者B　那麼，韓國姑且算是管轄之內嗎？

泰山娘娘　土地有連接起來。

提問者B　朝鮮半島。

泰山娘娘　嗯，那裡的土地有鄰接起來。

對新冠病毒有何看法

提問者A　這裡是幸福科學。

泰山娘娘　啊啊，是嗎？

提問者A　您知道嗎？

泰山娘娘　嗯，既然我是被招喚過來，應該就是那麼一回事吧！

提問者A　至今總裁先生請教了眾神明的意見，進而發現中國已經變成唯物論、無神論的國家，並且現在想利用「一帶一路戰略」，將這種思想傳播到世界各地去。為了加以阻止，新冠病毒在全世界蔓延開來了。

話說回來，您知道新冠病毒嗎？

泰山娘娘　嗯，我知道好像有什麼東西在蔓延。

提問者A　也就是說您知道。對此，您有何看法？

泰山娘娘　嗯，要是能再多做些「更有用的東西」就好了。那病毒的致死率太低了，至少致死率要達百分之五十，最好能有百分之九十左右，一旦罹患上病毒，最好就會死去。我不是很喜歡只是罹病卻死不了，像這樣拖泥帶水的情形。

提問者A　想要更俐落一些是嗎？

泰山娘娘　最好一旦罹病，就兩腳一蹬。

提問者A　有一說是「那會不會原本就是中國正在研究的生物兵器」。

泰山娘娘　就算是生物武器，也要有「源頭」啊！源頭就是住在洞窟裡的傢伙啊！

提問者A　蝙蝠嗎？

泰山娘娘　嗯，應該是吧！中國人也吃蝙蝠，所以常常會產生病毒、細菌啊！

4　追問泰山娘娘的中華思想

如何看待伊斯蘭教、基督教、日本神道？

提問者A　想必您對中國感到憤怒，不過您對於世界有何看法？

泰山娘娘　嗯，中國到歐洲的土地都連接在一起，不難理解中國想要攻佔歐洲的野心。不過，當今美國擺出一副很了不起的樣子，看來得要降下幾次天懲才行。

提問者A　要降下天懲？

提問者B　對美國？

泰山娘娘　嗯，美國總是很高傲，老是想對外輸出些什麼。

提問者A　您是指川普總統？

泰山娘娘　那種才剛建立的國家，卻老是擺出一副高傲的模樣，看來我得展示一下神的權威讓他們瞧瞧才行。

提問者A　那麼您對於伊斯蘭教的看法呢？

泰山娘娘　（約五秒鐘的沉默）伊斯蘭教啊……臭死了。一聽到伊斯蘭教，就馬上聯想到臭鼬。

提問者A　是這樣啊！

泰山娘娘　真像是個屁一樣的國家。

提問者B　但再怎麼說，還有維吾爾族，中國也住著許多伊斯蘭教信徒。

提問者A　是啊！維吾爾族和西藏等地，正被習近平所鎮壓。

泰山娘娘　搞什麼鎮壓，直接殺掉就好了。

提問者A　什麼！

提問者B　因為很臭的關係嗎？

泰山娘娘　嗯，把他們趕回沙漠不就好了？

提問者A　那麼，雖然您說「信仰很重要」、「不可相信唯物論」，但您並不認為其他宗教是好的？

泰山娘娘　終究得認為中國的宗教是最好的。

提問者A　原來如此。

泰山娘娘　既然被伊斯蘭教感化成那幅模樣，就必須趕走住在那裡的傢伙。

提問者B　原來如此，也就是說人們必須要對您抱持信仰才行？

泰山娘娘　嗯。

提問者A　那麼您又是如何看待佛陀、釋尊的呢？啊，您剛剛曾說佛教不可靠。

泰山娘娘　啊啊，佛教是最近的宗教啊！

提問者A 那麼耶穌・基督如何呢？

泰山娘娘 你們是不是錯看了耶穌・基督啊？

提問者B 錯看了什麼？

泰山娘娘 他可不是神啊！他是罪人啊！罪人假裝成神的樣子，那個宗教是邪教啊！

提問者B 但基督教沒有追求現世利益。

提問者A 是。

泰山娘娘 耶穌・基督被捕之後，只裹上一條兜襠布，就被釘在十字架上殺害。那些人們腦袋是不是壞了啊？竟然把耶穌當作神一樣崇拜、祈禱？

提問者A 那麼，您是如何看待日本神道的呢？

泰山娘娘 哪有什麼神道不神道的。不就是蠶拉糞之後變成了肥料，讓桑樹長出了桑葉，然後繁殖了蠶隻嗎？那就是日本啊！

提問者B 猶太教如何呢？

提問者A 雅威。

泰山娘娘 沒有那種宗教啊！

提問者A 沒有雅威？

泰山娘娘 沒有那種東西！原本就沒有那種宗教！那根本是在沙漠當中打劫，自稱有那種神罷了。

是否有掌握到惡質的外星人介入了中國？

提問者A　另外還想請教一個問題，據說現在有許多惡質的外星人介入中國，您知道這件事嗎？

泰山娘娘　惡質的外星人介入，有做了什麼壞事嗎？

提問者A　他們打算把源自毛澤東直至習近平的思想、以恐怖威權統治，擴展到全世界。將整個地球變成唯物論和無神論的國家，透過極權主義體制讓人權逐漸消失殆盡，唯有立處於恐怖威權統治立場的人，才能統治其他人。

泰山娘娘　我聽不懂妳在說什麼，妳最好去學學如何說話。

提問者B 看來您對於宇宙的事情……。

提問者A 不太清楚嗎？

泰山娘娘 宇宙的事啊，我當然知道啊！你們所說的天御祖神，就是蠶在空中到處飛，之後又在空中拉出大便。

提問者B 那麼，您知道梅塔多隆※嗎？

泰山娘娘 （約五秒鐘的沉默）我一聽到那個名字，就感覺不太可靠啊！

提問者A 果然，您不熟悉英文譯名。

提問者B 因為那是片假名的關係。

※ 梅塔多隆　支援幸福科學的外星人，光明之神當中的一人。耶穌・基督的宇宙靈魂（阿莫爾）的一部分。參照《梅塔多隆的靈言》（幸福科學出版發行）等。

探索與中國女神・西王母之間的關係

提問者A　您真的是熊貓的樣貌嗎？

泰山娘娘　什麼？嗯……。

提問者A　沒有騙人吧？

泰山娘娘　長什麼模樣都無所謂。

提問者B　什麼都無所謂嗎？

泰山娘娘　什麼都無所謂，只要是代表中國就好。

提問者B　所謂「熊貓的樣貌」，其實就是表現出您「代表中國」的意思嗎？

提問者A 也就是要表現出那種形象就對了。但實際上，您是「十尾狐」對吧？

泰山娘娘 不，什麼模樣都無所謂。

提問者A 有一部電影叫做「倩女幽魂」，當中有一個不男不女的首領姥姥，掌管著一群女幽魂。您給我的感覺，有點像那位姥姥。

泰山娘娘 妳對我的認識還不夠啊！我可是泰山啊！

提問者A 「泰山府君」是誰呢？

泰山娘娘 泰山府君是我的……。

提問者A 情人？

泰山娘娘 情人。

提問者A 那麼，「西王母」是情敵嗎？

泰山娘娘 我不清楚誰是西王母，有這個人嗎？

提問者A 在中國，有如母親一般的王母、聖母。

泰山娘娘 是不是混入了什麼其他東西啊？有點奇怪啊！

提問者B 那麼，您不認識嗎？

泰山娘娘 嗯，我感覺到「有那種東西嗎」？

提問者A 西王母好像是司掌人類避免橫死，獲得永生的女神。後來就在「若信奉司掌生死的神，就能倖免死於非業」的恐懼心下產生信仰，而西王母就逐漸演變成「賜予長生不老力量的神女」的形象。

泰山娘娘 嗯……總覺得滿像是在吹噓。

提問者A 據說西王母從「人頭獸身女神」轉變成「天界最美麗的仙女」，負責管理不老不死的仙桃，並以嬌豔美麗的天界女主人之姿，廣受眾人的信仰。

泰山娘娘 嗯，感覺有點奇怪啊！

提問者A 根據傳說，她是主宰天、地、地下三界的玉皇大帝的妻子，並跟隨在其身邊，女兒就是七仙女。而且聽說後來又引發了各種悲劇……，至於細節就不太清楚了。

泰山娘娘　中國就是那麼一回事，我也搞不太清楚。

提問者A　是誇大了嗎？

泰山娘娘　我不太清楚啦！因為人會自己編造。

「我有著中華思想，並且想要君臨天下」

提問者A　那麼，今後娘娘您想要做什麼呢？

泰山娘娘　娘娘我呢，嗯……。

提問者A　今後，您想要讓中國變成什麼樣呢？

泰山娘娘　嗯……嗯……嗯……，信仰很重要啊！嗯。

提問者A　您的意思是要對您抱持信仰嗎？

泰山娘娘　嗯嗯，我本來就有著中華思想啊！終究想要君臨天下。

提問者A　中國是天下的「中心」？

泰山娘娘　像英國、西班牙、葡萄牙等地變得如此繁盛，美國那種新興國家變得如此囂張，實在是讓我難以接受啊！

提問者A　原來如此。

「女性至上」的螳螂型發想

提問者A　附帶一提，熊貓的發祥地原本是在西藏等地，您喜歡西藏嗎？

泰山娘娘　已經沒有那個國家了。

提問者A　已經沒有……。

泰山娘娘　沒有啊！

提問者B　您喜歡熊貓吧？

泰山娘娘　嗯，我本來打算要養的。

提問者A　飼養嗎？您有在養嗎？

泰山娘娘 嗯，數量沒怎麼增加。因為太會吃了，沒辦法養太多，光是一隻熊貓就可以吃光一整座山的竹子，所以數量沒怎麼增加。

提問者Ａ 您還有其他喜歡的動物嗎？或是您有養其他的動物嗎？

泰山娘娘 嗯……其他喜歡的動物是……嗯……。雖然不是原產於中國，或許印度那方面比較多。

提問者Ａ 老虎？

泰山娘娘 還有孔雀之類，嗯……。

提問者Ａ 是孔雀啊？

泰山娘娘 嗯，或多或少，我覺得滿有趣的。

提問者B　那邊的公孔雀比較漂亮。

泰山娘娘　拿來吃的喔。

提問者A　母孔雀會去吃嗎？

泰山娘娘　嗯……公孔雀一張開美麗的翅膀，母孔雀就會說「你性向顛倒了」，然後就將其吃掉。

提問者A　這是「螳螂型的發想」。

泰山娘娘　因為女性至上啊！

提問者A　是這樣啊！

泰山娘娘 你們兩「隻」不也是這樣嗎？你們是「女螳螂」吧！

提問者A 我們不想變成那樣（苦笑）。

泰山娘娘 我讓你們變成「螳螂娘娘」吧！

「中國需要再教育，每個人都必須信奉神明」

提問者A 那麼，娘娘打算對中國發動天懲嗎？就像祖魯神說的那樣。

泰山娘娘 天懲啊……。中國的人口不斷增加，我才在想該怎麼辦才好呢。

提問者B 現在從非洲飛來了許多蝗蟲。

泰山娘娘 嗯，中國人會把那些蝗蟲當成食材吃掉。如果因此吃下新冠病毒的話，一下子就全部完蛋。

提問者A 啊啊，原來如此。

提問者B 那麼，您歡迎蝗蟲前來嗎？

泰山娘娘 蝗蟲可是糧食啊！糧食自動送上門來，當然要吃掉啊！只不過，若是蝗蟲把麥子吃掉的話，那就傷腦筋啊，到時候就沒麥子了。

提問者B 如此一來，饑荒來襲，中國人全都餓死，那不就非您本意了嗎？

泰山娘娘 若是如此，就得向烏克蘭買一些麵粉才行。

提問者B 那麼，即便您想要減少中國的人口，但您還是想要自己親自動手是嗎？

泰山娘娘　嗯，我覺得中國人需要再教育啊！

提問者B　您現在有在動什麼腦筋嗎？是要引發水災？還是地震？

泰山娘娘　不，只要人們信奉神明就好了。現在的中國政治完全不在意神明的想法，所以我認為得要給予懲戒一下才行。

提問者A　了解了。

泰山娘娘擔心自己靈言的「現世利益」

提問者A　那麼，我們是否應該要招喚愛德加·凱西？這實在是……。

提問者B　請凱西來進行解說吧！

提問者A　那就請他來進行解說吧！娘娘，謝謝您了。

泰山娘娘　什麼，您不把我弄成殺人犯，就不滿意嗎？

提問者A　不不不！沒那回事。

泰山娘娘　我可是「原始之神」啊！

提問者B　感謝您所說的寶貴內容。

泰山娘娘　難不成你是覺得「無法用這個靈言賺錢」？這下傷腦筋了？那可真是不好意思啊！

提問者A　「不好意思」（笑）。

提問者B 啊，您是說沒什麼現世利益……？（笑）

泰山娘娘 不，我可沒這麼想。

提問者A 不，或許在某些時刻，可以公開這個靈言，或者此次內容可以成為一些點子的來源。

提問者B 這姑且可以作為某種調查內容。

提問者A 是為了調查。

提問者B 謝謝您。

嘗試招喚中國的女神．西王母

提問者A　還是要試著招喚西王母……？不管哪一個都很難問吧！

提問者B　要不要試著稍微問一下？

提問者A　問一下看看吧。

提問者B　西王母的存在有點被否定的感覺……。

提問者A　會不會是因為東西之分的關係？

提問者B　那麼，就試著招喚西王母吧！

提問者A　西王母。

大川隆法　西王母、西王母能出來嗎？西王母、西王母能出來嗎？西王母、西王母能出來嗎？西王母、西王母能出來嗎？西王母、西王母能出來嗎……？西王母、西王母、中國的女神西王母能出來嗎？中國的女神西王母能出來嗎？

（編注：背景播放的《佛說・正心法語》CD聲音變大聲）

中國的女神西王母能出來嗎……？

沒有靈性反應啊！

提問者A　不在嗎？

大川隆法　沒有靈性反應。

提問者B　不在靈界……。

提問者A　原來如此。

第2章　愛德加・凱西的靈言

二〇二〇年四月二十四日
收錄於幸福科學特別說法堂

愛德加・凱西（一八七七～一九四五年）

美國預言家、心靈治療家。被稱為「睡夢預言家」、「二十世紀最大的奇蹟之人」等。曾在催眠狀態下，針對疾病治療法、人生諮詢、超古代史等進行一萬四千件以上的「解讀」（靈查）。愛德加・凱西的靈魂本體被認為是，醫療靈團之長的沙利葉（七大天使之一）（參照《永遠之法》台灣幸福科學出版發行）。

〔兩位提問者，分別以A・B標記〕

〈靈言的收錄背景〉

為了針對泰山娘娘進行客觀解說，在收錄「泰山娘娘的靈言」（第二篇第1章）之後，繼續招喚了愛德加・凱西之靈。

1　向愛德加・凱西詢問「泰山娘娘」之存在

在中國，娘娘是似有若無的存在

提問者A　那麼，試著招喚凱西吧！

大川隆法　愛德加・凱西啊、愛德加・凱西啊、愛德加・凱西啊！愛德加・凱西啊、愛德加・凱西啊……！

愛德加・凱西　我是凱西。

提問者B　謝謝您。

提問者A　剛才我們試著招喚娘娘前來，想請教您如何客觀看待娘娘的存在？

愛德加・凱西　嗯……。

提問者A　她反對唯物論，也對毛澤東之後的中國的作法提出異議。此外，也不太喜歡據說已墮入地獄的慈禧太后。

不過，我感覺她抱持的是民族神的想法。嘴上說著要對自己抱持信仰，卻缺少對於世界的觀點。我想這就是為什麼現今到處發生各個國家民族神的競爭、戰爭的原因。

愛德加・凱西　嗯，嗯……。

提問者A　感覺上她跟「愛爾康大靈」或「天帝」之間，並沒有直接連結。

提問者B　她似乎也不太喜歡佛教。

愛德加·凱西　嗯。（沉默了約五秒鐘）從某種意義來說，她在中國是似有若無的存在。

提問者A　的確（笑）。此外，人們敬拜她是為了現世利益。

愛德加·凱西　我想是的。

仙人變成神的中國靈界

提問者B　今天娘娘所說的泰山靈界的樣貌，實際上真的是那種感覺嗎？

愛德加．凱西　在泰山附近，不是真的有一處掌管轉世的地方嗎？

提問者B　您是指真的有一個如同轉生中心的地方嗎？

愛德加．凱西　嗯，自古以來，不就有那個了嗎？
只不過，現今唯物論當道，很多人都不到泰山去了……。

提問者B　啊，您是說死去的靈魂。

提問者A　他們無法返回泰山了嗎？

愛德加．凱西　嗯，如果沒有稍做一些仙人修行，是去不了的。疏於那般修行的人越來越多，所以泰山娘娘才會覺得不高興吧！

提問者B　那麼，通常人們死後，是在泰山進行仙人修行……。

愛德加・凱西　嗯，積蓄力量等待重生。

提　問　者　B　那麼，「仙人靈界」在中國的靈界中佔很大比例嗎？

愛德加・凱西　基本上，是的。在中國，「仙人」不就是神嗎？

提　問　者　B　雖然幸福科學教導著仙人界屬於裏側世界，但在中國，仙人界則屬於主流……。

愛德加・凱西　嗯，仙人能使用超能力，讓人眼花繚亂，感到迷惑，就仙人界來說……。天狗源自於印度，中國對於天狗的印象沒那麼根深蒂固，因為是從印度來的。

提　問　者　A　向我們介紹娘娘的非洲祖魯神，知道愛爾康大靈的存在，感覺上他的見識比較廣。

愛德加·凱西 那是因為幸福科學正不斷地在非洲廣布。

提問者A 是因為不斷廣布，原來如此。

提問者B 啊啊，影響力也遍及到靈界……。

愛德加·凱西 認識度的確有所提升，但在中國本土還未廣為得知。

提問者A 啊啊，完全沒被認識啊！

有別於泰山娘娘的洞庭湖娘娘

提問者A　啊！忘了詢問泰山娘娘有關於香港和台灣的事。

愛德加·凱西　大概她又會再講一些「便便」的事吧！

提問者B　（笑）

提問者A　是啊！基督教有進入香港和台灣，或許她也不會感到喜歡吧！這實在是類似於常見的民族神的想法。

愛德加·凱西　這種神明即便過了十億年也不會進化。

提問者A　想必他們的意識都停滯不動了吧？

愛德加．凱西　嗯。

提問者B　九尾狐曾自稱「狐狸的尾巴以九尾為最高層級」，不過剛才娘娘說「十尾狐才是」，從您的角度來看，也認為十尾狐才是嗎？

愛德加．凱西　我才不理會那種「妖怪的世界」（笑）。他們想怎麼說就怎麼說吧！熊貓確實是「貴重品」，中國值得驕傲的東西，也就只有這個了。

提問者A　的確在現階段是如此。

愛德加．凱西　中國能被世界所喜愛的，就只有熊貓而已。

提問者B　確實如此。

提問者A　剛才「西王母」這號人物並沒有出現，據說此人住在崑崙山。由於是傳說中的山，也不知道是否和現在的崑崙山脈相同。是靠近西藏或四川省那裡嗎？

愛德加·凱西　嗯，應該是吧！

提問者A　所以如果提到了熊貓，跟那邊應該會比較近。

愛德加·凱西　那裡不就是「香格里拉」嗎？

提問者A　那麼，那邊的娘娘是東邊體系的嗎？

愛德加·凱西　感覺上似乎有點偏東邊。

提問者A　此外，前幾天還出現了「洞庭湖的娘娘」。調查了一下洞庭湖後，發現洞庭湖位於新冠病毒發源地的湖北省附近，到武漢的距離大約四個半鐘頭的車程。從整個中國大陸來看，似乎是相當鄰近病毒發源地的娘娘。這位是和泰山娘娘完全不同的人吧？

愛德加·凱西 嗯，和今天的泰山娘娘，略有不同。

提問者A 略有不同。

愛德加·凱西 在那裡的洞庭湖娘娘，我想大概就像是所謂「觀音」的存在吧！

提問者A 啊啊，果然是存在於那座湖中。

愛德加·凱西 嗯，雖然是民間信仰，但就是那種類型。今天的泰山娘娘，她的實際樣貌，應該就連中國人也都不認識。

泰山娘娘的靈性位置

提問者B　今日前來的泰山娘娘，抱持著一種女王蜂的價值觀，也就是女性至上的價值觀。

愛德加・凱西　再過不久，她就會說「地球是從我的某個東西當中誕生出來的」之類的話。

提問者A　應該會喔（笑）。

提問者B　與其說女性至上，倒不如說她覺得「自己才是最崇高的」。

愛德加・凱西　我認為她應該是想說自己是「地球之母」。

提問者A 從靈性的角度來看，泰山娘娘處於何種位置呢？她真的曾經轉生世間，某種程度上匯集了眾人對她的信仰嗎？

愛德加·凱西 嗯，我想她屬於仙人界吧！

提問者A 啊啊，是仙人界的……。

愛德加·凱西 應該是屬於仙人、仙女吧！不過，你們還沒分析出仙女的各種等級。

提問者A 的確。

愛德加·凱西 雖然日本有仙人，但仙女就沒那麼多了，應該人數非常少。

提問者A 女演員柴咲幸的守護靈曾說過，自己不是狐狸而是仙女，並且和愛爾康大靈比較接近。

愛德加．凱西　嗯。那是因為過去的女性無法潛心於修行，所以仙女的人數並不多。不過，我想在中國的仙人、仙女應該就是男神、女神吧！

提問者Ａ　那些仙人、仙女應該是站在唯物論的對立立場吧！

愛德加．凱西　沒錯。不過，現在中國的人口不斷增加，能夠填飽肚子活下去就變得格外重要。現在中國人的關心焦點，開始轉移到「物質」上。

嗯，仙人數量真的變得很多。

中國仙人思想的根源，有著久遠的淵源

提問者A 剛才的中國娘娘，即便是從仙人界的角度來看，她也想改變這個唯物論的國家。

愛德加·凱西 然而，唯物論卻認為，那種「仙人、仙女的世界」已經非常古老，是造成中國停滯不前的原因。

提問者A 那已經是過去的民間故事。

愛德加·凱西 沒錯，那就和過去歐洲因為逃離了教會，進而變得現代化一樣。

提問者A 就整體來看，中國的確是唯物論、無神論的國家，但在一般民眾的生活當中，尚留存著「道教的信仰觀」等風俗習慣，因此靈力透過

這樣的風俗傳達到了娘娘那邊。

愛德加・凱西　其實道教的開山鼻祖到底是誰，還真的搞不清楚，歷史真的是非常久遠。

仙人思想的根源相當久遠，雖然印度也有仙人的稱呼，好比說瑜伽仙人，但瑜伽仙人界和中國的仙人界有點不同。或許中國的比較久遠，要予以定義實在有點困難。

2 泰山娘娘的心願為何？

讓中國因糧食短缺進而促使民間信仰復活

提問者A　為什麼祖魯神要介紹娘娘給我們呢？

愛德加·凱西　嗯……。

提問者A　剛剛娘娘有提到「終有一天，被遺忘的中國的神明的名字，會藉此得到復活」。

愛德加・凱西　嗯，以中國的程度來看，必須得先從「讓世人獲得現世利益的神」復活才行。一下子就要讓中國人理解高深的思想，是有點難度的。

提問者A　原來如此。

愛德加・凱西　或許中國四處都將發生糧食短缺的問題。

提問者A　啊啊，您是說不久之後吧！

愛德加・凱西　嗯，這麼一來，民間信仰不就會復活了嗎？

提問者A　「只要能看到食糧，就會認為那是來自神明的恩惠；如果沒有了食糧，就會認為那是神明的懲罰」，或許這就是泰山娘娘最簡單易懂的教導吧！

愛德加・凱西 沒錯。

提問者A 也就是說，泰山娘娘是身處於宗教的入口的神明？

愛德加・凱西 在中國工業化之後，現在正以西洋的機械化為目標，然而實際上第一產業對於中國來說還是非常重要，因為今後可能會出現無法吃飽的情形。屆時，人們應該就會呼喊「能帶來現世利益的神明的名字」。

假如照過去的情形繼續發展下去，中國必定會滋擾其他國家，就像海盜一樣，為了糧食而滋擾亞洲各國。此外，中國還會開始聲稱「所有海洋都是中國的海域」，終究會和其他國家發生紛爭。

對於中國的「侮辱神明」之舉，做出某些裁罰

愛德加·凱西　雖然不清楚中國內部的情況如何，不過從外部來看，已經展開所謂的「消滅中國勢力作戰」了。因為中國想要從亞洲到歐洲，想要「吃遍全世界」，所以各國必須加以制止才行。

聽說中國也在覬覦中東的石油，中國沒有生產石油，對吧？此外，在俄羅斯南部的獨立國家周邊一帶，有豐富的穀倉地帶，所以可從歐洲進口各種東西。

嗯，中國最害怕的是什麼呢？應該就是反中勢力的崛起吧！畢竟中國想要成為「亞洲的盟主」，他們並不想看見日本成為「亞洲的盟主」。

提問者A　原來如此。也就是說，各個民族神之間，對於哪個國家必須取得霸權、成為領導者，意見彼此分歧。

愛德加·凱西　他們只能不斷說著「我的歷史比較久遠」，除此之外，就沒什麼可主張的了。嗯，若問該如何判定剛才出現的泰山娘娘，嗯……。不過，她還蠻像日本神道的古老神明。

提問者A　（笑）是有點像。

愛德加·凱西　的確很像。既不知道「世界基準」，也不知道「神的正義」、「善惡」。

提問者A　他們僅是用微觀的觀點去看，雖然從前曾得到民眾的信仰，或者是過去曾位處領導階級，受人愛戴，但想法就僅止於此而已。

愛德加・凱西　嗯，是啊！

不過，他們姑且能夠幫得上的，就是能讓人們對於神明的信仰復活。

提問者Ａ　我認為終究必須要讓中國人認識到「人是有著靈魂的」。

愛德加・凱西　中國官方不承認靈魂的存在。因為這是「對神明的污辱」，所以我想泰山娘娘想要做出某些裁罰吧！

泰山娘娘的真面目，是仙人的集體意念？

提問者Ａ　那麼，為了讓中國的人們對信仰覺醒，泰山娘娘是第一階段的神明？

愛德加．凱西　嗯……說她是「神」就有點……。

提問者A　也就是說，不知能否稱其為神的意思（笑）？

愛德加．凱西　實在是不知該怎麼說，她應該是屬於「仙人的聚集體」吧！

提問者A　原來如此。

愛德加．凱西　嗯，或許是仙人集體意念之下的存在。

提問者A　的確，山岳信仰，富士山或許也是如此，人們對於泰山那不可思議力量的信仰心集結在一起，進而形成了泰山娘娘的形象。

愛德加．凱西　不過，泰山娘娘難以接受現今宗教被隱藏於地下，所以想要顛覆人們的價值觀。

提問者A 原來如此。也就是說，在中國國內有著某種靈性存在，對於現今中國的唯物論，想要迫使人們進行某種價值觀的轉換。

愛德加·凱西 是的，沒錯。不僅在海外，在中國國內本來就存在著那般仙人、仙女的世界。

提問者B 剛才的娘娘，好像不太認識老子。

愛德加·凱西 她是不是說「那是近代的人」？

提問者B 實際上彼此有著關連嗎？

愛德加·凱西 啊啊，她是很久遠之前的存在。

提問者B 比老子還久遠嗎？

愛德加・凱西　嗯。

提問者A　在中國原本就存在的靈性存在，對於現世利益……。她該不會是殭屍之類的吧（笑）吧？

愛德加・凱西　嗯，老子都還不是仙人的起始。

提問者A　也就是說，仙人是更久遠的存在，是老子將其思想體系化的意思？

愛德加・凱西　不，老子只寫了一本《老子道德經》，就學問上來說有些虛張聲勢。

提問者A　那麼，老子是承接自古以來的風俗習慣，又或者是價值觀的古老之人……。

愛德加·凱西　他的思想還沒達到「世界標準」，我想這也是中國之所以在亞洲停滯不前的原因。

提問者Ａ　不過，中國也有「天帝」的思想，若想要解釋清楚何謂天帝，首先就必須要有突破口，也就是那個在最初階段，讓人們脫離唯物論思想的人。

愛德加·凱西　泰山娘娘對於外星人也不太清楚。

提問者Ａ　作為中國的傳統民間信仰……。

愛德加·凱西　嗯，的確歷史非常久遠。

中國人即將失去神秘力，因此泰山娘娘想引發革命

提問者A　泰山娘娘和狐狸有什麼關係嗎？

愛德加．凱西　我想，應該……。

有很多人在研究「妖術」。狐狸變成了神的僕人、使者，進入日本之後，就變成了稻荷信仰。

提問者A　泰山娘娘真的是熊貓的樣貌嗎？

愛德加．凱西　這部分我不清楚，或許沒有特定的樣貌。

提問者A　原來如此。

愛德加・凱西　她應該只是想創造出一個眼能所見的身姿吧！

提 問 者 A　畢竟提到了中國，最知名的就是熊貓。

愛德加・凱西　嗯，除了熊貓以外，應該沒有其他能讓人留下深刻印象的動物。

提 問 者 A　其他動物的話……。

愛德加・凱西　現在已經沒有老虎，如果龍能飛的話，那還另當別論，不過龍的力量都衰退了。

提 問 者 A　確實如此，而且英國也有龍。

愛德加・凱西　雖然龍在中國很知名，不過感覺上沒有龍的系統。

提問者A 是啊！概念有點模糊。

愛德加．凱西 正是因為概念模糊，所以非常地「道教」。

提問者A 是啊！

提問者B 與其說泰山娘娘曾有著人格轉生於世間，還不如說她是一種集體意念嗎？

愛德加．凱西 嗯，或許是吧！實在是非常久遠，所以人格已經瓦解了。

提問者A 我感覺她沒有主張什麼教義、正邪，而是強調人類本來就是靈魂轉生輪迴的存在……。

愛德加．凱西 嗯，那是宗教思想的根源。

提問者B　她還主張有肉眼無法看見的力量。

提問者A　有神秘力之類的。

愛德加・凱西　嗯，嗯，嗯。當今中國人正逐漸遺忘這個部分，所以她才會想要引發某種革命。

提問者A　了解了。

堅持唯物主義的當今中國人，看起來像奴隸

愛德加・凱西　嗯，她終究是「UMA」（身份不詳的生物）啊！沒有清晰的形象，也看不出身姿。

提問者A　只不過，若是連那種意識都消失殆盡的話，中國就真正會變成唯物論國家了。

愛德加・凱西　而且會變得一蹶不振。所以，泰山娘娘認為現今相信唯物論的中國人，看起來就像是奴隸一樣。

提問者A　我們明白了中國國內有著那般存在。

愛德加・凱西　雖然無法明確描繪出其樣貌，但或許日後還會因其他事件出現。日本對於中國的神明，其實不是很清楚。在日本，或許過個兩千年就能夠成為神明，但在中國，僅有兩千年是無法變成神明的。

提問者A　原來如此，因為還有更遠古的神明。

愛德加·凱西　或許沒有經過五千年以上，是無法變成神明的。

提問者A　在中國應該存在著幾位深獲民間信仰的存在吧？

愛德加·凱西　是。

日本的陰陽師承襲著來自中國的靈流

提問者A　當祖魯神提到「娘娘」的存在時，我們原以為是在開玩笑，不過調查了一下，還真的有「娘娘」。

提問者B　太厲害了。

愛德加·凱西　嗯，陰陽師承襲了那個體系，進到了日本

提問者A　安倍晴明擅長「泰山府君」的秘術，所以是從那裡承襲了靈流。

愛德加·凱西　是啊！

提問者A　也就是說，是靈性的根源之一。

愛德加·凱西　在過去，從日本的角度來看，中國是一個先進國家。但自平安時代之後，就不再是先進國家了。

提問者A　確實如此。

愛德加·凱西　往後還會出現眾多日本獨有的思想，請好好地努力。

提問者B　謝謝您。

提問者A　謝謝您。

愛德加・凱西　好。

第3章　祖魯神的靈言

二〇二〇年四月二十四日
收錄於幸福科學特別說法堂

祖魯神

非洲的天懲之神。關係到人類的生成、發展、衰退、消滅週期中的「衰退、消滅」，當地上的局勢正朝著與神心背道而馳的方向發展時，背負著讓疾病流行和引發饑荒的任務。和巫毒教（Voodooism）也有著關係。

〔兩名提問者，分別以A．B標記〕

〈靈言的收錄背景〉

在「泰山娘娘的靈言」（第二篇第1章）、「愛德加·凱西的靈言」（第二篇第2章）之後，為了再次詢問關於「泰山娘娘」的事情，進而招喚了祖魯神。

蝗蟲會飄洋過海而來嗎？

祖　魯　哈啊……，哈啊……（吐氣）。

口罩現正熱賣中，接下來如果生產網子的話，就能大賺一筆喔！

提問者A　網子？

祖　魯　嗯。

提問者A　為什麼？

祖　魯　用來捕蝗蟲啊！

提問者A　「蝗蟲要來了」是吧？

祖　魯　嗯，蝗蟲正在挑戰是否能飄洋過海。

提問者B　您是祖魯神嗎？

祖　魯　對。

提問者B　謝謝您前來。

祖　魯　或許蚊帳也有助於捕捉蝗蟲（笑）。

詢問關於中國的泰山娘娘的意見

提問者A　先前我們招喚了中國的娘娘，但程度稍微有點低啊！

祖　魯　嗯，因為有各式各樣的娘娘啊！

提問者A　不過先前來的泰山娘娘，就是正在中國國內進行某種天懲之人吧？

祖　魯　按照中國的水準，就只能認識到那種層次。

提問者A　原來如此，還無法教導他們更高度的教義……。

祖　魯　中國人連靈界是什麼都不知道，只知道會出現幽靈。

提問者B　泰山娘娘的靈力強嗎？

祖　魯　泰山娘娘說在當今時代中，有仙人和仙女的世界，也有推翻舊政權的革命，也對毛澤東所創立的中國共產黨看不順眼，甚至討厭殺人無數的女皇帝。

提問者A　對，她剛剛是那麼說的。

祖　　魯　看來娘娘明確地說出了她的想法。

提問者A　是。

祖　　魯　但光是聽她說那麼一次，是很難看出其本性的。

提問者A　了解了，不好意思還勞駕您來。

祖　　魯　蝗蟲飛來時，記得再叫我過來。

提問者B　是，謝謝您。

提問者A　感謝您從大老遠前來，謝謝您。

第三篇

大中華帝國崩壞的序曲①
鄧小平／洞庭湖娘娘的靈言

第1章　鄧小平的靈言

二〇二〇年七月十四日
收錄於幸福科學特別說法堂

鄧小平（一九〇四年～一九九七年）

中國的政治家。歷經三次下台後掌握權力，就任中國共產黨中央軍事委員主席，成為實質上最高的掌權者。推動「改革開放」政策與市場經濟，另一方面，一九八九年興起要求民主化的學生運動之際，發動軍隊鎮壓（第二次天安門事件），徹底實行一黨專政體制。

〔兩位提問者，分別以Ａ．Ｂ標記〕

〈靈言的收錄背景〉

在二〇二〇年誕生慶典兩天後的七月十四日，對於誕生慶典法語「源自信仰的創造」的內容產生反應的鄧小平之靈，出現在大川隆法總裁身旁，進而收錄了其靈言。但在靈言收錄當時，尚無法確定靈人身份為何，在其之後緊接著收錄的「洞庭湖娘娘的靈言①」（第三篇第2章）中，才判定其為鄧小平之靈。

1　自稱死神的鄧小平之靈

不斷口出「詛咒」話語的中國「死神」

（編注：背景播放大川隆法總裁的修法「愛爾康大靈特別結界—『結界　佛陀』／『結界　海爾梅斯』—」的聲音）

靈人（鄧小平）　我想詛咒人啊！

提問者A　詛咒？你想詛咒的對象是？總有名字吧？例如，出現在電影中的伽椰子或貞子之類的。

靈　人　啊啊，就是「紫央子」。

提問者A　「紫央子」就是你想詛咒的人嗎？

靈　人　啊……（約五秒鐘的沉默）啊！

提問者A　你感覺到這個結界如何呢？

靈　人　不太好。

提問者A　你是男性？女性？

靈　人　啊，我是來「把人接走」的。

提問者A　是指總裁先生嗎？

靈　人　嗯。

提問者A　你是死神嗎？

靈　人　嗯。

提問者A　死神的名字是？

靈　人　從靈界前來接你的。

提問者A　要帶到哪裡去？

靈　人　帶回靈界。

提問者A　要帶往靈界的哪個地方？

靈　人　審判。

提問者A　才不會，因為要被審判的是你！

靈　人　嗯，我只是前來接走人的。

提問者A　要去哪裡？

靈　人　去靈界。

提問者A　你現在是在靈界嗎？你是已經死了的人嗎？

靈　人　是。

提問者A　那麼，為什麼會在靈界？

靈　人　因為我住在這裡。

提問者A　你在世間有肉體嗎？有嗎？

靈　人　嗯？

提問者A　你有肉體嗎？

靈　人　（約五秒鐘的沉默）詛咒。詛咒。

提問者A　「詛咒」？「詛咒」什麼？

靈　人　詛咒。

提問者A　什麼詛咒？

靈　人　我好恨啊！

提問者A　在詛咒什麼？

靈　人　這是中國人民的詛咒。

提問者A　中國人民的詛咒？為什麼是中國人民？

靈　人　你們太壞了。

提問者A　為什麼太壞了？啊，你是毛澤東？不是嗎？啊！我知道了！

靈　人　大家都會被殺死。

提問者A　你是中國人？

靈　人　不知道。

提問者A　你知道毛澤東嗎？

靈　人　不知道。

提問者A　你是偉人嗎？

靈　人　不知道。

提問者A　習近平呢？

靈　人　不知道。

提問者A　不知道？洞庭湖娘娘呢？

靈　人　不知道。

對於香港表示「要殺個片甲不留」、「香港太任性」

提問者A　（看著對方手的動作）你現在手在比什麼？是指「中國」嗎？

提問者B　中國？右手從剛剛一開始就在動……。

提問者A　動右手的話是暗示你是男人？還是女人？

靈　人　啊……。

提問者A　要改播放「正心法語」的CD會比較好嗎？

靈　人　啊、啊。

提問者A　中國？

靈　人　哈啊、啊啊、啊啊。

提問者A　香港正奮力抵抗中，你怎麼看香港呢？

靈　人　要殺個片甲不留。

提問者A　香港嗎？

靈　人　嗯。

提問者A　為什麼？

靈　人　他們太任性了！

提問者A　那麼，你應該是中國人吧？

靈　人　嗯。

提問者A　這裡是日本。

靈　人　都是你們的錯。

提問者A　為什麼？

靈　人　因為在旁邊搧風點火。

提問者A　點了什麼火？

靈　人　憎恨的火。

提問者A　那不是「憎恨」，而是「正義」之火。

啊！想必你也討厭《人的溫暖的經濟學》吧？

靈　人　不知道。

提問者A　那麼，你今天為什麼會來？

靈　人　因為要宰了你們。

提問者A　你宰不了的。

靈　人　我要殺死你。

提問者A　殺不了。

靈　人　會殺了你。

提問者A　如果你想要對神動手，受傷最嚴重的會是你喔！

靈　人　詛咒。

提問者A　為什麼你知道詛咒？

靈　人　詛咒、詛咒、詛咒。

提問者A　你是從貞子還是伽椰子那裡學到詛咒的呢？

靈　人　不知道。

提問者A 你連這個都回答不出來，那可不行。

靈 人 啊，啊。

中國的「死神」處於「奄奄一息」的狀態

提問者A 你在中國做什麼工作？

靈 人 嗯？

提問者A 你在中國是身處何種立場？

靈 人 嗯，嗯，我算是死神吧！

提問者A　你是死神嗎？

靈　人　嗯。

提問者A　不是因為你殺了很多人才變這樣？

靈　人　不知道。

提問者A　你知道「文化大革命」嗎？

靈　人　……（約五秒鐘的沉默）啊。

提問者A　你知道「文化大革命」嗎？知道江青嗎？

靈　人　啊、啊、啊、啊、啊。

提問者A　知道林彪呢？

靈　人　啊。

提問者A　你知道林彪嗎？

靈　人　啊。

提問者A　認識林彪嗎？

靈　人　啊、啊。

提問者A　你自己都「奄奄一息」了，還想「宰掉別人」？

靈　人　啊、啊、啊啊啊啊啊啊、啊啊。

提問者A　（出示毛澤東的照片）你認識他嗎？

靈　人　啊啊，蔡英文，我要殺了蔡英文！

提問者A　為什麼？理由是？

靈　人　詛咒。

提問者A　為什麼要詛咒？沒有詛咒的理由嗎？不是中國才應該被詛咒嗎？不丹呢？你如何看待不丹？

靈　人　要拿下不丹。

提問者A　你果然是中國人。

靈　人　啊。

提問者A　習近平呢？

靈　人　啊、啊。

2 受「蝗災」和「水害」所苦的鄧小平之靈

要殺死人們是為了「解決糧食問題」？

提問者Ａ　我知道了，你是惡魔吧！

靈　人　啊。

提問者Ａ　你是毛澤東？

靈　人　啊。

提問者A 你是毛先生嗎？

靈　人 不，我想吃更好的東西……。

提問者A 想吃更好的東西？

靈　人 我現在很有精神。

提問者A 很有精神？

靈　人 嗯。

提問者A 是因為總裁先生累了，所以你才覺得很有精神？

靈　人 你們觸犯了禁忌。

提問者A　觸犯了禁忌？

靈　人　嗯。

提問者A　觸犯到什麼了？有觸犯到什麼嗎？

靈　人　你們參與了「殲滅香港・台灣計畫」。

提問者A　我們可沒有參與啊！我們對此是反對的。

靈　人　不，你們煽風點火。

提問者A　不，火本來就點燃了。煽風點火的是「中國」吧？

靈　人　你們還加了油。

提問者A 不，「火上加油」的不就是中國嗎？這次的香港立法會選舉，民主派初選也是為了對抗中國而做的。

靈　人 要全部殺光！

提問者A 全部殺光後，對你來說有什麼好處？

靈　人 可以解決「糧食問題」。

提問者A 你已是靈界的人了，已經不需要吃東西了吧？

靈　人 嗯，啊。

提問者A 現在蝗蟲正要前往中國，吃蝗蟲不就能解決糧食問題了嗎？

靈　人　蝗蟲也令人傷腦筋啊！

提問者A　吃掉蝗蟲不就好了嗎？

靈　人　有毒。

提問者A　你知道啊！

靈　人　啊。

始終不表明身份，不斷口出詛咒的話語

提問者A　夠了吧？（約五秒鐘的沉默）你的右手腕還在動呢！

靈　人　啊、啊，我是代表中國而來的。

提問者A　嗯？請再說一遍。

靈　人　我說「我是代表中國而來的」。

提問者A　如果你是代表中國而來，那你的大名是？

靈　人　啊。

提問者A　名字。

靈　人　啊。

提問者A　Your name.

靈　人　詛咒。

提問者A　「詛咒」是日語喔！

靈　人　啊！詛咒、啊、啊、啊。

提問者A　說出你的名字！

靈　人　啊。

提問者A　說出你的名字！否則你就在靈界永遠痛苦下去吧！

靈　人　詛咒。

提問者A　受詛咒的是你！接受「紫央子的詛咒」吧！

靈　人　啊！啊，隆法，去死吧！

提問者A　我都說了，死不了的。

提問者B　不會死的。

靈　人　去死吧！

提問者A　你不是已經死了嗎？

靈　人　今天就是死期了。

提問者A　為什麼？你的名字是？

靈　人　你們的壽命已經結束了，沒機會再做壞事了。

提問者A 啊，我知道了。在香港約有六十一萬張票投給民主派，是預期的三倍左右，所以你的內心產生了動搖，是嗎？

靈　人 啊。

提問者A 沒錯吧！

靈　人 不會動搖，不會動搖……。

提問者A 事前沒想到反彈聲浪會那麼大吧！要是在中國國內，大家馬上就會畏縮不前，不敢出聲反對。

靈　人 不久就要占領香港了。

提問者A 那麼，為什麼還需要刻意前來殺總裁？

靈　人 因為他做壞事了。

提問者A 總裁沒有做壞事。

靈　人 太壞了。

提問者A 「毛子」，就像是貞子、伽椰子，你是毛澤東的「毛子」。可以叫你毛子嗎？

靈　人 嗯呀，啊。

提問者A 可以叫你毛子嗎？

靈　人　啊。

提問者A　說到貞子、伽椰子、毛子、紫央子，感覺這都是「同等階層的人」呢（笑）。如此一來，毛子和紫央子就好像要大戰一場了（笑）。

靈　人　啊，啊。

不喜歡招喚出洞庭湖娘娘，並發出悲鳴

提問者A　毛子你回靈界去吧！

靈　人　啊。

提問者A　毛子快回去！

靈　人　啊。

提問者A　毛子馬上就要被遺忘了，習近平會將毛子的名字完全抹去，把自己放在最上位。即使你前來支援當今的中國，毛子還是會被消失，那樣也不要緊嗎？

靈　人　我會進行「愛的迫降」。

提問者A　因為是「愛的迫降」，所以結論就是緊急迫降喔。

靈　人　啊。

提問者A　毛子馬上就要被遺忘了，你的對戰對象應該是習近平。若不打敗習近平，你就會被消失。

靈　人　沒那回事。

提問者A　就是這麼一回事！

靈　人　啊啊啊啊。

提問者A　毛子的詛咒。

靈　人　啊啊啊啊、啊啊啊啊、啊啊啊啊。

提問者A　據說現在中國有四百條河川氾濫，避難的人民已超過三千八百萬人了。

靈　人　狐狸也感到很傷腦筋。

提問者A　日本的狐狸也是。

靈　人　啊啊啊啊。

提問者A　接著，還會有蝗蟲襲擊。

靈　人　妖怪的畫皮、畫皮、畫皮、畫皮。「惡畫皮」。畫皮……。

提問者A　毛子，掰掰。

靈　人　啊啊啊啊。

提問者B　總裁已經累了，回去吧！

靈　人　不，就是因為累了，所以我來補上一擊。

提問者A　那麼，我們來招喚洞庭湖娘娘吧！

靈　人　我討厭那種東西。

提問者A　洞庭湖娘娘啊！
洞庭湖娘娘啊！

靈　人　我討厭那種東西。

提問者A　洞庭湖娘娘啊！

靈　人　討厭啊！

提問者A　洞庭湖娘娘也對秦始皇感到咬牙切齒呢！

靈　人　討厭啊啊！啊啊，不要啊！。

提問者A　洞庭湖娘娘。現今在中國的武漢市，不僅有新冠肺炎，就連河川好像也氾濫了。

靈　人　啊啊啊啊！哇啊啊啊啊啊！

第2章　洞庭湖娘娘的靈言①

二〇二〇年七月十四日
收錄於幸福科學特別説法堂

洞庭湖娘娘

「娘娘」原指「母親」、「貴婦」、「皇后」等意思，根據職責的不同而有各種娘娘。洞庭湖娘娘是中國湖南省北部第二大淡水湖洞庭湖的女神。

〔兩位提問者，分別以A．B標記〕

〈靈言的收錄背景〉

在收錄「鄧小平的靈言」（第三篇第1章）之後，緊接著召請洞庭湖娘娘之靈。

1　詢問洞庭湖娘娘「對中國的看法」

站在正義的一方的洞庭湖娘娘，將與中國對戰

提問者A　洞庭湖娘娘，戰鬥吧！洞庭湖娘娘，請把中國的惡魔帶走。

洞庭湖娘娘　娘娘。

提問者A　娘娘來了！

洞庭湖娘娘　我是娘娘。

提問者A　謝謝您。

洞庭湖娘娘　現在我正讓中國深陷於水深火熱之中。

提問者A　啊，感覺中國內部出現了天變地異的狀況……。

洞庭湖娘娘　嗯，妳的感覺沒錯。

提問者A　果然是那樣。

洞庭湖娘娘　中國老是向外界隱瞞災情，所以我正讓災情逐漸擴大。中國想要表現出一副完全沒事的樣子，並且恐嚇周邊其他國家，所以我打算毀掉他們的根基。

提問者A　那些都僅是剛開始而已，對吧？

洞庭湖娘娘　洞庭湖娘娘站在「正義的一方」。

提問者A　哇（鼓掌）。

洞庭湖娘娘　我會奮力戰鬥直到解放熊貓為止。

提問者A　拜託您了。

洞庭湖娘娘　如果認為可以勝過洞庭湖娘娘，那就大錯特錯了。水的力量可是不容小覷喔！

提問者A　是啊！

洞庭湖娘娘　嗯，在中共撤回「香港國安法」之前，水災、蝗災、新冠疫情會不斷持續下去。

提問者A　新冠病毒的感染人數其實不只八萬吧？

洞庭湖娘娘　想也知道是騙人的，那應該是死亡人數吧？

提問者A　原來如此，了解了。

洞庭湖娘娘　洞庭湖娘娘現在要在中國樹立起信仰心。會從天空降下雷電，娘娘會挺身而戰！

提問者A　請務必努力，務必從中國內部使其瓦解，讓中國人民重拾信仰心。

洞庭湖娘娘　必須瓦解這不良的國家。

毛澤東之後，建立中華人民共和國的人們「皆身處地獄」

提問者A　剛才的靈人（參照本書第三篇第1章）是毛澤東吧？

洞庭湖娘娘　嗯？

提問者A　方才前來的靈人是毛澤東嗎？

洞庭湖娘娘　是鄧小平啊！

提問者A　鄧小平！我們完全搞錯了（笑）。不是「毛子」，是鄧小平啊！鄧小平也是個壞人吧？

洞庭湖娘娘　是啊！他想用社會主義市場經濟，向世人展現「這就是完善的未來社會」。

提問者A 原來是鄧小平啊！

洞庭湖娘娘 雖然現在中國對外的樣子很強勢，試圖擴張霸權，但我正打算從內部予以瓦解。

提問者B 原來如此，現在應該變得很脆弱吧？

洞庭湖娘娘 現在的中國很頭大啊！可是他們還沒有拋棄奪取鄰近諸國、稱霸世界的夢想。

提問者A 還打算奪取不丹。

洞庭湖娘娘 中國最擅長「欺負弱者」。中國老是會比較國家實力強弱，總想透過各種手段，拿下弱小國家。

提問者Ａ　在中國，毛澤東之後的歷代偉人們，全都在同一個世界裡。

洞庭湖娘娘　全部都在地獄裡。

提問者Ａ　真的是搞什麼啊！

洞庭湖娘娘　中國的指導者全都在地獄。

提問者Ａ　也就是說，「建造當今中華人民共和國的人們、建國者們，全部都在地獄當中」吧！

洞庭湖娘娘　嗯，光明天使已經轉生在那小小的香港。

提問者A 昨晚，大川隆法總裁先生好像很清楚地看到周庭的臉龐。

洞庭湖娘娘 應該是周庭注意到你們會在日本給予支援吧！

提問者A 明白了。

2　大中華帝國崩壞的近未來預測

經濟成功的謊言敗露，中國內部將出現動亂

提問者A　先前的來者是鄧小平。

洞庭湖娘娘　誰都沒注意到鄧小平去了地獄。

提問者A　是啊！鄧小平和柴契爾夫人之間簽訂了香港回歸條約，不過他還沒親眼看到香港回歸就死了。

洞庭湖娘娘 嗯，當時他希望「讓社會主義市場經濟成功，進而籠罩全世界」。

提問者A 原來如此，不過現在，那個謊言已經被戳破了。

洞庭湖娘娘 嗯，中國不僅有香港問題，國內各地也都在萌芽叛亂的情緒，就算公佈了虛假的經濟成長數字，不過人們已經開始產生質疑，終究各處會開始出現動亂。嗯……哈哈哈，今年真是難熬的一年啊！

提問者A 原來如此，下半年還會發生各種……。

洞庭湖娘娘 或許你們會目睹「一個巨大帝國的瓦解」，因為我正在執行如此任務。他們還想對愛爾康大靈做出致命一擊？癡人作夢！明明自己的國家已快瀕臨絕境了。

提問者A 明白了，請務必努力。

洞庭湖娘娘 嗯，美國也正拚命地抑制中國的野心。

提問者A 現在中國為了阻止川普連任，也搞了不少行動吧？

洞庭湖娘娘 就算攻擊川普個人，然而「自由」和「民主」是不死的。

提問者A 洞庭湖娘娘的立場是支持「自由、民主、信仰」吧？

洞庭湖娘娘 那部份我不是很清楚，不過我會粉碎邪惡。

提問者A 原來如此。

以年底之前讓大中華帝國崩壞為目標的洞庭湖娘娘

洞庭湖娘娘 聽到「洞庭湖」，是不是有一種讓人懷念的感覺啊？熊貓是不是曾在洞庭湖洗過澡啊？

提問者A 據說洞庭湖的周遭建立了眾多中國古老的文化，包括古老的盛世年代，中國自古以來的文化好像就是從這附近發展起來的。

洞庭湖娘娘 嗯……。啊（嘆氣）。我們啊，今年內的目標就是要讓「大中華帝國崩壞」！

提問者A 今年之內嗎？這麼快？

洞庭湖娘娘 很快啊！

提問者A 我還以為是「未來十年左右，逐步地瓦解」呢！

洞庭湖娘娘 不……。

提問者A 今年以內？

洞庭湖娘娘 中國以統一國家的名義，打算踏平香港。不過為了反抗中共，從內部挺身而出的人民會相繼湧出，到時就會出現內亂狀況。

提問者A 原來如此，原來中國內部也有著認同香港價值觀的人們。

洞庭湖娘娘 一旦發生叛亂，國外就會前來援助。雖然中國認為「美國已經忙得焦頭爛額，無法動彈」，不過沒那回事喔！

提問者A 原來如此。

洞庭湖娘娘　美國軍隊可是會獨立行動喔！

相較今年上半年，今後還會發生更厲害的事情。若是中國以為已經出現三百八十萬名感染者的美國，會當作什麼事都沒發生的話，那未免也太天真了。

還有，外星人也從宇宙來了，他們前來教導人們善惡，告訴人們「地球應有的未來之姿」。

提問者A　也就是說，您知道「外星人們正說著什麼」。

洞庭湖娘娘　嗯，他們是來補充「水」的。

提問者A・B　（笑）

必須讓中國成為「自由國家」

洞庭湖娘娘　啊啊……我會建立「洞庭湖帝國」喔！

「水攻」可是很恐怖的！

提問者B　剛剛鄧小平很想讓總裁先生不要再工作下去，好像有著危機意識，習近平也感受到危機了嗎？

洞庭湖娘娘　中國共產黨將「經濟上的耀眼表現」視為唯一的「信仰」，為了避免被揭穿謊言，中共操控媒體，並且不讓資訊流到國外。不過，現在不吃這一套的人已經越來越多。

「中國的坂本龍馬」，也會努力加油。

提問者A 鄧小平好像是四川人，是隻「壞熊貓」、壞傢伙。

洞庭湖娘娘 過去美國和日本在經濟上幫助了中國成長，但中國完全忘恩負義，變成了一個「怪物」國家。

提問者A 是啊！中國從沒表達過感謝之意。不感謝就算了，竟然還憎恨日本、美國，刻意激起出人們憎恨日美的情緒。

洞庭湖娘娘 如果不解決中國問題的話，北韓也會很慘。所以，必須讓中國成為「自由國家」。在這方面我是絕不會輸的。

提問者A 一旦中國瓦解，那麼以往在精神上「對中國屈膝卑躬」的日本媒體和政治家，也都不得不改變，甚至跟著消逝。

洞庭湖娘娘 雖然中國是個大國，不過竟然有三千八百萬人必須避難。這數字足足是日本關東平原的全部人口了。

嗯，根據「因果法則」，那也是應該的。

提問者A 明白了。

「由惡人所制定惡法」的法治國家「即將迎向末日」

洞庭湖娘娘 如果想殺死愛爾康大靈，那就試試看吧！到最後只會逼自己走上窮途末路。

提問者A 沒錯，這不只是針對個人，對於國家也是相同道理。就像「詛咒的反作用力」，撞到鏡子後再反彈回到自己的身上。

洞庭湖娘娘 香港的同志到底是要持續抵抗戰鬥，還是逃離香港，兩者都讓人感到痛苦。現在能做的就是讓言論引發關注，打造國際包圍網包圍中國……。

雖然中國極盡所能地削弱川普的勢力，不過歐洲、亞洲各國、澳洲和各種國家都正在極力「反中」。

日本九州也因為遭逢大雨災情慘重，日本必須改變親中政策。必須放棄靠韓國和中國觀光客來換取利益，要「創造出多元的經濟」，否則就會被中國支配了。

我們正努力利用國內問題，阻止中國的經濟發展。這不是件易事，得要費點勁。

提問者A 是啊！

洞庭湖娘娘　一定會贏的。

提問者Ａ　是的，我們也祈禱著中國能轉變成更好的國家。

洞庭湖娘娘　中國不是正說著「法治國家只要制定法律就是正義，違反就是犯罪」，對吧？

提問者Ａ　是。

洞庭湖娘娘　但要是制定法律的人是惡人的話，那就完蛋了。這種國家將會「迎向末日」。

提問者Ａ・Ｂ　謝謝您。

第四篇

大中華帝國崩壞的序曲②
習近平守護靈／洞庭湖娘娘的靈言

第1章　習近平守護靈的靈言

二〇二〇年七月十六日
收錄於幸福科學特別說法堂

習近平（一九五三年～）

中華人民共和國的政治家。所謂的太子黨（中國共產黨高級幹部子弟集團）成員之一。

曾任福建省省長、上海市黨委書記、黨中央政治局常務委員等職，二〇〇八年就任中國國家副主席。二〇一二年成為胡錦濤的繼任者，坐上了中國共產黨總書記、中央軍事委員會主席的寶座。二〇一三年，在全國人民代表大會上，就任國家主席、國家中央軍事委員會主席。

〔兩位提問者，分別以A．B標記〕

〈靈言的收錄背景〉

在二〇二〇年誕生慶典四天後的七月十六日，與鄧小平之靈相同，對於誕生慶典法語「源自信仰的創造」的內容產生反應的習近平守護靈，出現在大川隆法總裁身旁，於是收錄了其靈言。

1　探尋前來的「惡魔」真實面目

不斷口出詛咒話語的惡魔

（編注：背景正播放著大川隆法總裁的法話「祈禱的原理」）

大川隆法　我認為前來的是惡魔。（約五秒鐘的沉默）前來的惡魔想要表達什麼意見？（約十秒鐘的沉默）啊啊，這很棘手。一直在說著「凝眼的大靈」，這的確是惡魔前來挑釁。

提問者A　是誰在說「凝眼的大靈」呢？

大川隆法　嗯……。

他說「『礙眼的大靈』根本是『不存在的大靈』」。

提問者A　說「不存在的大靈」的人是誰呢？

大川隆法　是誰在說「不存在大靈」呢？

他說是「笨蛋的大靈」。

提問者A　說「笨蛋的大靈」的人是誰呢？

大川隆法　說「笨蛋的大靈」的人是……（約十秒鐘的沉默）。

他說著「總之，都快點給我去死」。

提問者A　你嗎？

靈　　人　嗯？

提問者A　你想早點死嗎？

靈　　人　我是說「大川隆法快點給我去死」！

提問者A　為什麼？

靈　　人　因為他太礙事了。

提問者A　有妨礙到你什麼嗎？

靈　　人　哈啊（大口喘氣）。工作到此為止就好，大川隆法可以去死了。

提問者A　（聽著背景播放的「祈禱的原理」法話聲音）你知道「祈禱的本質」的

意義嗎？

靈　人　不需要那種無聊的講演。

提問者A　你不知道內容吧？

靈　人　完全沒有意義啊！

提問者A　不，有意義。

靈　人　盡是喋喋不休地說著沒有意義的話語。

提問者A　應該是你只會說低次元的話語吧？

靈　人　我要將妳殺了，已經不需要妳了。

提問者A　你是新冠病毒，滾開。

靈　人　給我消失。

討厭這半年講述了超過一百二十次的法話

提問者A　（提問者B加入提問）你會說英語嗎？

靈　人　妳的壽命已經結束了！

提問者A　那麼，B，你試著用英語溝通看看。

提問者B　Who are you?

靈　人　嗯……。

提問者A　如果是來取代愛爾康大靈的人，英語應該要很流利才對吧？

提問者B　You must be so good at speaking English.（你應該很會說英語）

靈　人　你也給我回去！

提問者B　You shouod go home.（是你應該回去）

靈　人　你給我回去。

提問者B　Go home. You go home.（回去，你快點回去）

靈　人　給我去中華街煮叉燒麵！

提問者B　Who are you?（你是誰）

靈　人　哼！

提問者B　啊，你聽不懂啊？你聽不懂「Who are you」嗎？

提問者A　請用英語回答。

靈　人　嗯……，英語早就忘光了，我才不懂什麼英文不英文的。

提問者A　早就忘光？「忘光了」，也就是說你「曾經學過」是嗎？

靈　人　不知道啦！英語是給會說的人說，我才不用說。

提問者B　你是哪位？

靈　人　大川隆法真的是工作過度了啦！他是一種「公害」啊！讓我們感到很困擾啊！

提問者A　你指的「我們」是？

靈　人　他真的是「公害」啊！不要再說法話了！以前他一年只是說個十來次的法話，但現在光是半年就說了一百二十幾次的法話，真是受不了啊！

提問者A　會有八、九百人或上千人為了聽你說話，而齊聚一堂嗎？

靈　人　只要稍微耍點小手段，無論多少萬人都會來聽我說話啊！因為我就是妳啊！

提問者A　你說謊！

靈　人　我是住在妳心中的惡魔！

提問者A　你是不是又想要用「紫央子」來呼攏呢？撒謊是地獄的開始。

靈　人　（提問者A的事）惡魔已經住在妳心裡八年了喔！

提問者B　快點報上名來！

提問者A　快點說出你是誰！

靈　人　我沒有名字。「我是貓，沒有名字」。

提問者A　沒有名字嗎？

靈　人　妳這女人，就連夏目漱石的《我是貓》都沒讀過？那妳還是別待在這裡吧！

提問者A　你為什麼要妨礙愛爾康大靈的工作？「去妨礙」的意思，是不是「你日後想做什麼事」嗎？

靈　人　要每週去幸福科學支部兩三次，才能把法話全部聽完，這實在是給人添麻煩！把一年份的法話濃縮成一次不就好了！

提問者A　但你也不是那種每週會去支部三次的人吧！

靈　人　大家都說「真是麻煩」，而且政府不是說「不要群聚在一起」嗎？

2 惡魔的「真面目」和「目的」是什麼？

講述「唯有習近平才是降臨大地的神明」

提問者A　啊啊，「新冠病毒別來」？

靈人　對，「新冠病毒別來」。

提問者A　那麼，你是小池百合子嗎？

靈人　不是說著「人們別外出移動」了嗎？

提問者A　小池百合子？

靈人　小池百合子怎麼了？

提問者A　你喜歡她嗎？

靈人　「喜歡小池百合子嗎」，嗯……嗯……嗯，她是個沒能成為「畫皮」的女人。

提問者A　習近平怎麼樣？你是怎麼看待習近平的呢？

靈人　嗯……他才是降臨於大地的神明吧！

提問者A　又是「習近平」體系的人嗎？

靈　　人　（約五秒鐘的沉默）如果你總是那麼厭惡的態度，以後誰都不會再過來了。

提問者B　你是誰？中國人？還是日本人？

靈　　人　誰也不是。

提問者A　是地球之神嗎？

靈　　人　總之，我是神，要來毀滅低能的你們。

提問者A　「低能」的定義是什麼？

靈　　人　腦袋比一般人笨的人啊！

提問者A　不過，聽了你的話，也聽不出來你有特別聰明啊？

靈人　那是因為妳太笨了。

提問者A　不，大家聽了之後，也都會這麼認為。你是習近平嗎？

靈人　（約五秒鐘的沉默）你們不會用敬語，所以不像話。

提問者A　你是鄧小平嗎？

靈人　什麼？

提問者A　你是毛澤東嗎？

靈人　什麼？

提問者A　妳是習近平嗎？

靈　人　……。

提問者A　（笑）果然，你是習近平（的守護靈）啊！

習近平守護靈　如果我真的是習近平的守護靈的話，妳就會讓我說話嗎？

無法制止中國河流氾濫的習近平守護靈

提問者A　習近平……。

啊，現在河川氾濫，有四千萬人在避難……。

習近平守護靈　不過，要是讓我說話的話，就得必須讓我更有威嚴地出場啊！

提問者A　威嚴？

習近平守護靈　嗯，你們這麼輕浮的態度，要我如何講話？

提問者A　沒人要你過來，你來這裡做什麼？

習近平守護靈　請快點讓河水停止氾濫，已經有四千萬人受害了，那是惡魔幹的好事吧！

提問者A　惡魔就是你吧！

提問者B　因為你的惡劣行徑，才會演變成這種局面。

習近平守護靈　我才是現人神。

提問者Ａ　如果想制止氾濫的話，就解放「香港」吧！解放「維吾爾族」和「西藏」吧！

習近平守護靈　香港是……。

提問者Ａ　也別再妄想要拿下「不丹」的土地！

習近平守護靈　維吾爾是維吾爾，不丹是不丹。

提問者Ａ　既然你是神，那你就自己去阻止天變地異不就好了嗎？如果氾濫並不符合自己的意志，那麼你自己去停止災難不就得了。

習近平守護靈　那是「對神的挑戰」。

提問者Ａ　是嗎？真是如此嗎？

提問者B　既然你是神的話，應該不會滅了自己的國家吧？

習近平守護靈　已經發生「內亂」了。

道出「自己的想法就是神的話語」，要求日本提供四兆日圓

提問者A　自稱「現人神」的問題就是，此人認為自己是「至高無上的神」，所以無法和天上界心靈相通。真正的神即便轉生於世間，也能和天上界心靈相通，擁有著謙虛之心。

習近平守護靈　妳在說什麼啊？妳在說著奇怪的話啊！神轉生世間後，就沒必要和天上界心靈相通了吧！因為我是神，所以我的想法就是神的話語。

提問者A　不過，轉生成人之後，或許心靈就有可能和地獄相通喔！

習近平守護靈　那就不是神了！

提問者A　不，民族神等級的人，都是這個樣子。

習近平守護靈　那不是神。

提問者A　因為有些民族神變成了墮落的天使。

習近平守護靈　我才不管啦！

提問者B　你今天有什麼事嗎？

習近平守護靈　現在有四千萬人正為洪水所苦，既然日本政府能對九州撥款四千億，那麼我也想拿個四兆日圓。

提問者A 日本熊本的確也是災區。

習近平守護靈 嗯，安倍撥了四千億的補助款給熊本吧？如果你們不想再受病毒攻的話，就付四兆日圓的「贖金」吧！

提問者B 什麼？自己的國家，自己去承擔責任才對吧？

習近平守護靈 自己的東西是「自己的」，別人的東西也是「自己的」，別人的錢就是「自己的」。

堅稱「自己是世界之神」

提問者A 既然你是民族神，和日本的民族神對抗不就好了嗎？來這裡幹嘛？

習近平守護靈 妳在說什麼啊？中國有十四億人口，我就是世界之神啊！

提問者A 不，你沒必要來愛爾康大靈這裡啊！

習近平守護靈 愛爾康大靈才是掌管一億的人口，所以他只是民族神啊！

提問者A 不，愛爾康大靈是世界之神，關懷著七、八十億的人們啊！

習近平守護靈 才沒那回事，用日語根本就說不通。

提問者A　你曾去過那些聲稱「日本之神」的人們身邊嗎？

習近平守護靈　沒有，那些都是向我朝貢的人們。

提問者A　你是那樣想的啊？

習近平守護靈　是啊！

提問者A　果然如此。

習近平守護靈　無論哪個時代都是這樣！

提問者A　的確，日本曾向中國朝貢。

習近平守護靈　嗯，日本那邊是民族神，我是世界之神。

提問者A 不，你根本就沒有成為世界之神，美國人可沒有皈依於習近平之下啊！

習近平守護靈 美國因為內亂，正走向滅亡當中。那邊的神，是能用選舉使其消失的神。

提問者A 習近平不也是姑且透過選舉選出來的嗎？

習近平守護靈 因為是終身制，所以我是不會被更換的。

提問者B 哈啊……（嘆氣）。

提問者A 那麼，再見。

提問者B 再見。

習近平守護靈　妳的腦袋空空，對話完全沒內容。

提問者Ａ　不，像你這種民族神的腦子裡，總是想著「權力」、「名譽」、「地位」……。

提問者Ｂ　是啊！總是說著相同的話題。

提問者Ａ　沒錯。

習近平守護靈　你們在說什麼啊？

提問者Ａ　你的腦袋裡盡是想著「自己想拿下天下」，容不下其他東西。

習近平守護靈　妳的腦子裡只想著午飯要吃什麼吧！

提問者A　不，我還沒想到那裡，因為我還覺得「早餐的麵包超好吃的」。

提問者B　（笑）

習近平守護靈　你們腦袋想的都只是午飯、晚飯那些食物。

提問者A　你們這些想要成為神的人，盡是處心積慮地想著「自己能得到什麼東西」，滿腦子都是「自己要怎麼做才能往上爬」。

習近平守護靈　妳是貉轉生的嗎？

「大川隆法正處於世界之神．中國皇帝的對峙面」

提問者B　不要再來妨礙了。

習近平守護靈　沒妨礙啊！

提問者B　很是妨礙。

習近平守護靈　我只是在進行正當的抗議而已。

提問者A　中國本身已經變成一張「畫皮」了，總是說謊……。

習近平守護靈　沒那回事。

提問者A　欺騙蒙混，披著皮，遮掩真正的數字、樣貌，不讓人知道自己在盤算著什麼。

習近平守護靈　大家都說「日本也一樣」。

提問者A　嗯，或許日本也是這樣，不過中國的情況卻是更加糟糕。

提問者B　對，中國真的更糟糕。

習近平守護靈　總之，我知道大川隆法正處於世界之神·中國皇帝的對峙面。

提問者A　那麼，又要招喚洞庭湖娘娘嗎？

習近平守護靈　大川隆法已經快被累死了，變得那麼淒慘，又那麼累，身體到處痠痛，想死又死不了。

提問者A　不過，你不是比較年長嗎？

習近平守護靈　為了大家的錢……。

提問者B 總裁會感覺到痠痛，原來跟你有關啊！

提問者A 就是啊！（提問者A注：在收錄本靈言前，總裁先生的手腕略感痠痛）。

習近平守護靈 什麼？

提問者B 你現在正使得總裁先生不舒服喔！

習近平守護靈 為了能夠付你們的薪水，他就算是想死，你們也不讓他死啊！

提問者A 你想讓總裁這麼想吧？

習近平守護靈 他真的很可憐。娶「惡女」為妻，嚴格地被管理。

最終想要表達的是，

「抗洪需要四兆日圓、解決糧食問題需要兩兆日圓」

提問者B　你快點走吧！這裡已經沒你的事了。

習近平守護靈　我是有事情才過來的。

提問者B　你剛才不是已經講完了嗎？

習近平守護靈　四兆日圓、四兆日圓。

提問者A　為什麼日本必須賺錢給你們花？只要你們「大中華帝國的十四億人民」拚命工作的話，不是一下子就能存到那些錢了？

習近平守護靈 如果能夠付給熊本縣的球磨川四千億，那就你們好好地支付給中國「打擾費」吧！因為我們「承擔」了日本的雨水，所以應該讓更多的雨下在日本全國境內。

提問者A 為什麼？理由是什麼？

習近平守護靈 因為我們的「愛心」承擔了洪水。

提問者A 你們為什麼要承擔？

習近平守護靈 因為有很多傢伙發狂了。

提問者B 自己心甘情願承擔了洪水，卻跑來發牢騷，到底是在想什麼！

提問者A 就是啊！既然承擔了，身為男子漢就應該說話算話，自己解決問題。

習近平守護靈　所以我說，「抗洪費用」需要四兆日圓、「解決糧食費用」需要兩兆日圓。

提問者B　你為了錢在煩惱嗎？

習近平守護靈　那當然，嗯……。

提問者A　你現在主張的，充其量就是「規模再大一點的金正恩」而已。

習近平守護靈　不，因為你們還送來了蝗蟲，受災狀況會……。

提問者A　若你的前世是成吉思汗的話，現在正是展現統治手腕的時候吧！

提問者B　確實如此。

習近平守護靈　我才不是為了對抗河川氾濫或蝗蟲才轉世的！

被指出「以自我為中心」的掠奪心態，而轉移話題

提問者A　到頭來，「以自我為中心」的人，只想從別人那裡掠奪東西。

習近平守護靈　就像妳一樣。

提問者A　如果不能接受「自助努力論」的話，終究就只會處心積慮地從別人那裡奪取資源。

習近平守護靈　就像妳一樣。

提問者A 不，就像你一樣。

習近平守護靈 我做了菠蘿麵包，吃吧！

提問者A 「真正的神」才不會說這種話。

習近平守護靈 「真正的神」就是會說「我做了菠蘿麵包，吃吧」。

提問者B 菠羅麵包嗎？（笑）

提問者A 今天早餐的菠羅麵包裡有加了一點奶油，很是好吃（笑）。

提問者B 啊，是那麼一回事啊（笑）。

習近平守護靈 「太好吃了，給我再多買幾個過來」，這是壞皇帝才會說的話。

提問者B　什麼？

提問者A　沒那回事。

習近平守護靈　給我好好工作。

提問者B　有在工作啊！

習近平守護靈　要揮灑汗水，努力做麵包喔！

提問者A　那是在說你自己吧！如果你能再更多流點汗，勤於工作的話，想必能成為體態絕佳的帥哥喔！

習近平守護靈　放入麵粉和大量的哈密瓜汁，加入砂糖，再放入發酵粉……。

3　不瞭解「民主主義」和「對國民慈悲」的中國惡魔

詢問中國新冠病毒、洪災、蝗災的實際受災情況

提問者A　目前，中國國內的新冠肺炎患者有多少人？

習近平守護靈　新冠疫情已經結束了。

提問者A　不，還沒結束吧！

習近平守護靈　新冠肺炎已經結束了，現在……。

提問者A　你是否有下令「讓武漢研究所當中的東西消失」呢？

習近平守護靈　已經沒有那種東西了。

提問者A　你把證據毀滅了嗎？

習近平守護靈　已經沒有那種東西了。

提問者A　你想要「粉飾太平」嗎？

習近平守護靈　武漢不是已經快被洪水淹沒了嗎？

提問者A　那麼，如果中國的中央地區被水淹沒的話，會變得如何呢？

習近平守護靈　會減少一部分的人口吧！

提問者A　你怎麼看蝗害呢？

習近平守護靈　蝗蟲怕水吧！

提問者A　不，在湖北省、雲南省還有東北部都出現了蝗蟲。

習近平守護靈　沒被洪水淹沒的田地，應該會遭受蝗蟲襲擊吧。

不認同「民主主義」及人人皆有「佛性」

提問者B　現在不是在此抱怨的時候！必須趕緊想辦法解決自己國家的問題，不是嗎？

習近平守護靈　我現在來的地方不就是「製造陰謀的基地」嗎？這一切都是你們的

陰謀吧！

提問者A　不，你搞錯了。

提問者B　是你搞錯了。

習近平守護靈　不是你們的陰謀嗎？

提問者A　不是的。

習近平守護靈　反正就是你們的陰謀啦！

提問者A　不，不是。

前幾天，鄧小平來的時候，我們有招喚中國國內的洞庭湖娘娘。據說，中國國內正在反抗當中呢！

習近平守護靈　在國內是禁止內亂的，所以才不會發生那種事。

提問者A　有「靈性的內亂」喔！

提問者B　不過，實際上也真的發生了內亂。

提問者A　你們應該一直在鎮壓內亂，並且不讓媒體報導吧！

提問者B　現在一定發生了眾多沒有被報導出來的內亂。

習近平守護靈　總之，我是不認同民主主義的。神不是「一黨專政」而是「一人獨裁」。

提問者A　那是因為「有你們這種思想的人，只想自己獨攬更大的權力」吧！

習近平守護靈　神之所以是神的理由，就是「可以活祭人類」。

提 問 者 A　不，我們想對民族神說的是，不是只有民族神才有「佛性」，而是全世界的人們皆有佛性。

習近平守護靈　聽不懂啦！

提 問 者 A　光是聽不懂這一點，就可知道認識力有多低落。

習近平守護靈　佛教徒之外的人，是無法理解那種說法的。

提 問 者 A　那跟理不理解沒有關係，這就是地球被創造出來的理由。

習近平守護靈　妳怎麼會知道？

提問者A　這就是地球之所以是地球的理由。

討厭娘娘睡醒並展開活動

習近平守護靈　妳……，這個想吃菠蘿麵包的妳，到底有什麼用？

提問者A　我不是已經對製作菠蘿麵包的人說了「謝謝」、「太好吃了」嗎？

習近平守護靈　如果世界上沒有妳會更好。

提問者A　我也對幫忙買來麵包的人說「很好吃」。

習近平守護靈　如果世界上沒有妳會更好。

提問者A 不，像我這麼渺小的人，對習近平不會造成任何影響吧！

習近平守護靈 不，是妳把娘娘……。

提問者A 把她給叫醒了？

習近平守護靈 是妳煽動了她。

提問者B 娘娘早在很久以前就存在了，所以與我們無關。

提問者A 是啊！

習近平守護靈 明明一直沉睡著。

提問者B 是不是你做了什麼壞事，把她給吵醒了？

提問者A　想必是聽到了中國人民的祈禱吧！他們說著「請幫幫我們」。

習近平守護靈　中國人是不會祈禱的。

提問者A　不，無論是武漢的人民，或者把新冠肺炎疫情的樣子寫在日記裡的女子，都遭受迫害了不是嗎？但是，也有個女人說「我要挺身而戰」。

習近平守護靈　要把她烤死才行。

主張「將人類納為己有的才是神」

提問者A　不能把國家當作「自己的財產」。

習近平守護靈 不，將人類納為己有的才是神。

提問者A 如果你真的想要主張自己是「民族神」的話，首先應抱持著「對國民的慈悲與愛心」，而不是只想著如何才能讓自己看起來更偉大。

習近平守護靈 我是世界之神，不是民族神。

提問者A 你心中有愛嗎？

習近平守護靈 沒有妳能理解的那種愛。

提問者A 你心中有愛嗎？

習近平守護靈 我看妳還是需要再深入研究一下「畫皮」……。

提問者A　你知道超越男女之愛的概念嗎？

習近平守護靈　請好好研究畫皮，研究偽裝成美女的方法。

提問者A　應該是你進行「偽裝」才對吧？

習近平守護靈　妳才需要。

提問者B　你最終會眾叛親離，變成孤單一人，悲慘地死去喔！

提問者A　是啊！

提問者B　會變成自己一個人在地獄裡哇哇大叫啊！

提問者A　你怎麼沒有對納粹進行研究呢？你應該再研究一下才行。

習近平守護靈　我可是和「中國第一大美女」結婚啊！

提　問　者　B　那不是挺好的嗎？那麼，快回到你太太的身邊吧！

習近平守護靈　不，因為你們都在做壞事，所以我來這裡督促你們反省。

招喚洞庭湖娘娘，讓習近平守護靈退散

提　問　者　A　那麼，我們要招喚洞庭湖娘娘了喔！

習近平守護靈　聽起來真刺耳。

提　問　者　A　洞庭湖娘娘。

習近平守護靈　不能叫「洞庭」（日語發音同「處女」的意思），怎麼可說出那種話。

提問者A　看來真是得請她出馬了。

習近平守護靈　怎麼能叫「洞庭」。

提問者A　洞庭湖娘娘。

習近平守護靈　不可以叫「洞庭」。

提問者B　洞庭湖娘娘，請幫幫忙。

提問者A　洞庭湖娘娘，請趕走習近平的守護靈。

（約十秒鐘的沉默）

第2章　洞庭湖娘娘的靈言②

二〇二〇年七月十六日
收錄於幸福科學特別說法堂

洞庭湖娘娘

「娘娘」原指「母親」、「貴婦」、「皇后」等意思，根據職責的不同而有各種娘娘。洞庭湖娘娘是中國湖南省北部第二大淡水湖洞庭湖的女神。

〔兩位提問者，分別以A・B標記〕

〈靈言的收錄背景〉

在收錄「習近平守護靈的靈言」（第四篇第1章）之後，招喚了洞庭湖娘娘之靈。

1　流傳於中國的「信仰源流」

中國人民都認為「讓四千萬人受災的洪水是天譴」

洞庭湖娘娘　我是洞庭湖娘娘。

提問者B　感謝您的幫忙。

提問者A　不好意思，勞駕您了。

洞庭湖娘娘　最近好像中國人一直來這裡啊！

提問者A　是。

提問者B　一直出現中國人。

提問者A　他們好像為了什麼正頭痛著。

洞庭湖娘娘　的確看起來很頭痛。

提問者A　實際上，河川的氾濫並沒有在世界上被大肆地報導……。

洞庭湖娘娘　光是一個香港問題，就已經引起軒然大波了。
中國人民都認為洪水是民間信仰所說的「天意」。像這樣讓四千萬人受災的洪水，可是史無前例啊！人們都認為「這是天懲」。

提問者A　原來如此。

洞庭湖娘娘　四千萬人淪為災民，認為這是「天懲」的人，想必有這人數的十倍之多吧！

提問者A　原來如此。

在中國，廣為流傳的都市傳說，往往成為「革命」的根基

提問者A　聽說，在中國某個省份，聽到了「龍的叫聲」……。

洞庭湖娘娘　那般傳聞會廣為流傳。

提問者A　是，在一週之內，就有一萬人蜂擁而至，說著「這應該就是天意吧」……。

洞庭湖娘娘 愈是在這種時候，就愈是會興起都市傳說。如此流言蜚語，就會變成「革命」的根基。

提問者A 因此，即便是那般「唯物論的國家」，但是當看到人們聚集在一起討論「這該不會是龍的叫聲」時，還是會覺得中國人深信有龍的存在……。

洞庭湖娘娘 人民只是被中國共產黨洗腦而已。

提問者A 確實是跟洗腦教育有關。

洞庭湖娘娘 我想是的。

「長江氾濫，猶如巨龍在興起叛亂」

提問者A　那麼，您有什麼話要對習近平說嗎？

洞庭湖娘娘　我現在正在「修理」習近平。一旦「洞庭湖」發飆了，那真的就很難收拾了。

不是只有日本陷入不幸喔！中國將面對更大的不幸。正如你們所希望的那樣，現在已經進入包圍中國殲滅戰的階段了。

我現在正興起內亂。現在中國將面對「外部的壓力」和「內亂」。在外部，美國正透過制定「香港自治法」，想辦法封鎖親中銀行的各種交易，試圖阻止金流。

在內部，則是洪水四起。潰堤的長江宛如「龍在興起叛亂」一樣。自古以來，長江本來就是狂暴的。

提問者Ａ　原來如此。

洞庭湖娘娘　長江就是「龍」啊！中國的「巨龍」正在暴動著！

「堯與舜是愛爾康大靈的弟子，他們也接受了天御祖神的指導」

提問者Ａ　先前祖魯神提到了「娘娘」，之前有某個生靈出現的時候，我呼喊了「娘娘」之後，洞庭湖娘娘您就出現了……。

洞庭湖娘娘　嗯。

提問者Ａ　傳說「洞庭湖的女神與『堯』、『舜』神話時代德高望重的人們有關」，您是否真的和這些人有所關連？

洞庭湖娘娘　嗯，因為堯和舜都是愛爾康大靈的弟子啊！

提問者A　啊，看來「德治政治」真的是中國最好的教義，這樣的思想和文化也流傳許久。也就是說，您和這些思想有著關連囉？

洞庭湖娘娘　嗯，在某種意義上，堯和舜也能接受來自天御祖神的指導。

提問者A　這樣啊！中國還有那樣的淵源啊！

洞庭湖娘娘　嗯，只不過沒有那麼常出現罷了。

雖然有人提出德治政治的理想之後，有人開始模仿，也有人加以反對，出現了各種論說。

提問者A 此外還有聽說「秦始皇來到洞庭湖想渡河時，卻因為起了大風而無法渡河，秦始皇聽到身旁的人說『這是洞庭湖女神搞的鬼』，於是大怒之下，就砍光周遭的所有樹木」。

洞庭湖娘娘 所以說後來就下地獄了。

提問者A 中國下地獄了嗎？

洞庭湖娘娘 不，是秦始皇下地獄了。

提問者A 啊，原來如此。

洞庭湖娘娘 自食惡果的下場。

2 洞庭湖娘娘預言中國的未來

「洪水之後，地震來襲」、「終將消滅中國和北朝鮮」

提問者A　現今中國的政治體制和德治政治，真是完全顛倒啊！

洞庭湖娘娘　那根本不是「德治」，而是「讓人們感到恐懼的獨裁體制」。

提問者A　那麼，您現在打算讓「德治思想」於中國復活嗎？

洞庭湖娘娘　嗯，光是靠香港是不夠的，所以我正在內部「興風作浪」。香港人沒有能力讓四千萬人成為災民，但我不需要核武什麼的，光是靠「天變地異」就足以應戰了。

「洪水」之後，「地震」就要來襲。因為地盤變得鬆軟，所以地震即將發生。姑且不論中國城市內富麗堂皇的建築，人民居住的都是豆腐渣建築，只要地震來襲，就會死傷慘重。

提問者A　原來如此。

洞庭湖娘娘　總之，「讓人民對習近平產生仇恨」就是我「當今的作戰方針」，我想趕緊把習近平拉下台。

總之，不只對於中國國內，他還讓其他國家感到困惑，甚至還想佔領其他國家。他根本沒資格去糾彈舊日本軍。

無論如何，我都想毀滅掉「中國」和「北朝鮮」。

提問者A 附帶一提，您是否正和泰山娘娘聯手進行呢？

洞庭湖娘娘 或許立場有些不同，不過我們都想要教導人們「必須要有宗教情操、要認識到人有輪迴轉生」。

泰山娘娘和人們的轉生輪迴有著關係，她負責管理十四億人的轉世。可是就算眾多人們轉生於中國，但每個人都被洗腦，或者持續不斷地被鎮壓。現在，即便有時代英雄降生，也沒有輕易能大顯身手的環境。因此，必須撼動一下掌權者的權力。當權力逐漸瓦解時，英雄就容易出頭了。如果政局處於穩定的狀態，那就行不通了。

「揭露社會主義市場經濟的謊言」

提問者A　在此之前，鄧小平之靈和習近平的守護靈來到了這裡……。

洞庭湖娘娘　他們是中國「最大的惡魔」吧！必須要想想他們為何會來這裡。

提問者A　是。

洞庭湖娘娘　我想他們應該是認為「幸福科學是引發所有災難的『震央』」吧！

提問者A　原來如此。

洞庭湖娘娘　他們拿你們根本沒辦法，也無法逮捕你們，呵呵（笑）。很遺憾，對於能夠呼喚神靈的人們，他們一點輒都沒有。

不過，那也是當然的，他們只能殺掉或鎮壓自己能掌控的人，外國根本不理睬中國在講些什麼，中國顯然已經被孤立了！

他們以為自己把新冠病毒隱匿得很好，但就如同幸福科學先前所說的，病毒是從實驗室洩漏出來的。中國除了研究病毒之外，也有研究疫苗，但他們現在湮滅了所有的證據，把知情人士全部都隔離起來。

我正興起洪災，讓人民將目光注意到那些執行惡劣內政之人的統治能力。光是限制報導是不足以掩蓋事實的，一旦出現「肉眼能見的現象」，就算壓制了報導，輿論也不會因此停止。

所以，他們已經無法用謊言敷衍大眾了。他們的幸福，就是人民的不幸。我將揭穿那個「社會主義市場經濟」的謊言。中國人現在也無法跑到海外，其實是很痛苦的。

不過，現在美國也變得激進，這次勢必會掀起戰火。

提問者A 是，但願中國能成為更好的國家。

「習近平缺乏素養，只靠本能統治，這跟毛澤東沒什麼兩樣」

洞庭湖娘娘 無論怎麼看，中國實在很糟糕啊！

提問者A 如果中國的監視體制和肅清體制，一旦廣布於全世界，世間就真的會變成地獄。

洞庭湖娘娘 你們剛剛應該已經發現了吧！跟他（習近平的守護靈）說納粹什麼的，他一點反應都沒有，因為他根本缺乏基本「素養」啊！完全沒有素養，只靠「本能」來統治，這跟和毛澤東沒什麼兩樣啊！毛澤東那傢伙也是完全沒素養啊！

唉……（嘆氣），「只靠本能行事」，這真是令人鬱悶。

提問者A 是啊！如果只靠本能行事的話，那麼就和動物沒兩樣了。

洞庭湖娘娘 所以，對於只靠本能行事的傢伙，就得做出一些「動物會感到厭惡的事」，好讓他們能夠理解。

提問者A 原來如此。

洞庭湖娘娘 所以，「洪水」之後，就得面對「蝗蟲吃光糧食」的痛苦。在地方的復興上不只需要錢，也需要人手。

「考慮將源自香港的革命帶進中國」

提問者A 蝗蟲現在來到壯族自治區附近，那裡是出現「太平天國之亂」指導者的地方。

洞庭湖娘娘 嗯，如同大川隆法先生所說，我正打算暗地裡將源自香港的革命帶進中國。

提問者A 是，洞庭湖娘娘們的地方，流動著天御祖神們之光芒嗎？

洞庭湖娘娘 不只流動著，我還打算「在洞庭湖畔建造愛爾康大靈像」。

提問者A 太棒了。

提問者B　太棒了。

洞庭湖娘娘　中國不需要孔子像，而是需要愛爾康大靈像。孔子沒有講述靈界之事，所以應該少講話。

我要在洞庭湖畔建造愛爾康大靈像，而且是大愛爾康大靈像。必須要抱持著這樣的目標，一定要完成。

提問者A　好的。謝謝您。

提問者B　謝謝您。

洞庭湖娘娘　嗯。

第五篇

大中華帝國崩壞的序曲③

毛澤東／洞庭湖娘娘的靈言

第1章　毛澤東的靈言

二〇二〇年七月十九日
收錄於幸福科學特別說法堂

毛澤東（一八九三年～一九七六年）

中國政治家。參與了中國共產黨的創立，在日中戰爭中，指揮了抗日戰。戰後，擊敗蔣介石的國民黨軍，建立共產黨一黨專政的中華人民共和國，成為第一任國家主席。據說，有六千五百萬名的人民，因大躍進政策和文化大革命等政策而犧牲了性命。

〔兩位提問者，分別以A．B標記〕

〈靈言的收錄背景〉

對於在二〇二〇年七月十四日收錄的「鄧小平的靈言」（第三篇第1章）和七月十六日收錄的「習近平守護靈的靈言」（第四篇第1章）之內容產生反應的毛澤東之靈，出現在大川隆法總裁身旁，於是收錄了其靈言。

1　毛澤東之靈出現的理由

毛澤東之靈意識到鄧小平和習近平守護靈的靈言

（編注：背景音樂正播放著大川隆法總裁為天使精舍所做之應援歌《香蕉》的原曲）

毛　澤　東　哈啊啊……。

提問者B　你是誰？

毛　澤　東　哈啊啊……。啊啊……。

提問者A　你喜歡香蕉嗎？

毛　澤　東　啊啊……。

提問者A　不喜歡嗎？

毛　澤　東　啊啊啊啊……，啊啊……。

提問者A　你是哪位？

毛　澤　東　啊，毛澤東。

提問者B　毛澤東？

提問者A　你是毛澤東？你對「香蕉」有反應啊（笑）。

毛澤東　好想吃香蕉啊！

提問者A　你是真的很想吃對吧？

毛澤東　嗯，還是台灣香蕉好啊！

提問者A　是啊！

提問者B　毛澤東來這裡是有什麼事嗎？

毛澤東　嗯？嗯，既然習近平（守護靈）和鄧小平都來了……。

提問者A　是不是覺得自己也「非來不可」？

毛澤東　我的出現是備受期待的吧？

提問者A　沒有期待啊！

毛澤東　咦？我如果不出來的話，豈不是沒有結論嗎？

針對中國的異變，道出是「習近平喚來天譴」

提問者A　好吧！那你說吧！

毛澤東　妳是想要對我什麼壞話啊？

提問者A　沒啊！你要講什麼話嗎？

毛澤東　現在中國真的變得很慘啊！在路上就可以捕魚了啊！

提問者A　就像是「放養」的狀態。

提問者B　因為洪水的關係，魚都游到路上了。

提問者A　沒錯，而且還能捉到大魚。

毛澤東　這怎麼行！天下要大亂了！雨水就像是倒的一樣，變成了大洪水……。

提問者A　實際上，中國人民現今也受到這個洪災所苦吧？

毛澤東　嗯……嗯。

提問者A　你所處的靈界有出現什麼異變之處嗎？

毛澤東　我正在想這個問題。

提問者B　在想什麼？

毛澤東　在大躍進、文革時期引發饑荒時，我「只殺了六千五百萬人」，但這次的死亡人數會到哪裡呢？

提問者A　你正在計畫嗎？

毛澤東　如果沒有超過六千五百萬，習近平就無法超越我啊！

提問者A　你真的沒有「愛人民的心」嗎？

毛澤東　習近平引發的饑荒，會嚴重到何種程度啊？

提問者A　啊……。

毛澤東　是習近平喚來了天譴啊！

提問者A　你也是喔！

毛澤東　我不是以前的人嗎？

提問者A　不，因為你的思想還繼續蔓延於中國，所以才出現了這樣的危機。

毛澤東　我可是七十年前的人。

提問者B　你也被稱為地球最大的惡魔。

毛澤東　七十年前的建國之父，對現在那個國家是富有還是貧窮，已經沒有責任。明明鄧小平把國家帶向富饒，最後卻掉入地獄，所以他心中忿忿不平啊！現在習近平打算超越毛澤東和秦始皇，所以上天展現了天意，讓四處頻傳災情。

提問者A 那麼，如果當今的中國是一個繁榮的好國家，你會怎麼想呢？

毛澤東 本來就應該是那樣，至少一年前是那樣的。

提問者A 這麼一來，你就會說「那全都是我的功勞」吧？

毛澤東 不過，在香港，像螻蟻一樣的那幫傢伙，成天在那裡高喊「要自由、要民主」，就僅是這樣，上天就打算滅掉大中華帝國，這不是太不公平了嗎？不覺得很奇怪嗎？

香港的那些傢伙，去新加坡或什麼地方都可以啊！那些傢伙就別待在中國啊！那群像癌細胞一樣的傢伙，如果要逃，就趕緊逃走不就好了？想去英國的話，就趕緊去啊！那裡新冠病毒多得很呢！

受不了《真自由》雜誌一直批判中國？

毛澤東　啊啊……，《真自由》實在是太煩人了！

提問者A　不，並不是《真自由》太煩人，它只是對當今中國的統治方法提出質疑而已。形成那般統治方法的基礎，就源自於你的思想還有馬克思主義啊！

毛澤東　我真的要對《真自由》的總編○○說，你靠中國的議題，增加了多少雜誌銷量啊！快把利益分給我啊！

提問者A　你知道〇〇先生的想法嗎？

毛澤東　自從那傢伙擔任總編之後，總覺得蝗蟲也跟著出現了。蝗蟲飛過來了，洪水也來了，真的是沒好事發生啊！那傢伙也是個惡魔啊！

提問者A　沒那回事。

毛澤東　他對中國而言是惡魔啊！

2 不斷做出極權主義式發言的毛澤東之靈

「當今中國，已經變成了『共產黨一黨專政』的資本主義」

提問者A　你有和鄧小平見面嗎？

毛澤東　嗯，偶爾。

提問者A　會見面啊！

毛澤東　只不過，我跟他有點不一樣。

提問者A　原來鄧小平也在地獄啊！

毛澤東　不，我是「建國之父」，他是給奶喝的「母親」。

提問者A　你們兩人建立那樣的國家，現在已經變成了「說謊之國」了。

毛澤東　沒在說謊啊！只是在防衛而已。

提問者A　現在中國的經濟已經相當疲軟了吧？

毛澤東　嗯，也有那種說法啦！

提問者A　總之，變成「拜金主義」了吧！

毛澤東　嗯，這……。

提問者A 你們說著「因為把經濟搞好，所以共產主義最好」。

毛澤東 這和你們的說法有什麼不同啊！

提問者A 你們還說「因為能抑制新冠疫情，所以極權主義最好」。

毛澤東 這種說法和日本、美國所說的沒什麼兩樣啊！

提問者A 現在日本的疫情也變得很危險。

毛澤東 日本早就變成「社會主義國家」了，唯有中國才是「資本主義國家」。

提問者A 不，雖然中國在經濟上實行資本主義，但中國的統治體制不都是在「監視」人民嗎？是「極權主義」啊！

毛澤東 不，現在是「『共產黨一黨獨裁』的資本主義」啊！

「洪水淹沒人民之後，只要再去掠奪其他國家就好了」

提問者A 但現在那般體制已到了極限，快要崩潰了。

毛澤東 不，快要崩潰的是被洪水吞噬的人民。

提問者A 但是，如果沒了人民，國家就沒有存在的意義了，不是嗎？

毛澤東 不，再去掠奪其他國家就好了。

提問者A 所謂「強盜經濟」的起源，就是從他人身上掠奪東西……。

毛澤東 如果中國毀滅的話，那就去佔領印度就好了。

提問者A 為什麼會你會認為「別人的東西就是自己的」呢？真不曉得你是怎麼想的？

毛澤東 當你看到廣告上的食物，不是也會想吃嗎？道理是相同的。

提問者A 但是，一般不會認為「那是自己的東西」吧？

毛澤東 怎麼可能不那麼想呢？看到別人在吃好吃的東西，怎麼會保持沉默呢？你應該也會說「啊，好想吃拉麵啊」。

提問者A 的確，如果看起來好吃，會變得想要吃。

毛澤東 看別人吃東西，自己也會想吃；看別人在賺錢，自己也想賺錢。

提問者A 不，「想吃」和他人的東西「就是我的東西」，是完全不同的概念，好嗎？

毛澤東 不，別人的東西就是我的東西，這不就是所謂的「權力」嗎？

提問者B 那種想法是錯誤的！

毛澤東 那是因為妳太小氣了。

提問者A 那樣的想法會被厭惡。

毛澤東 妳再多學習資本主義吧！

「最近有聽說」天御祖神的名字

提問者A　你知道「天御祖神」嗎？

毛澤東　啊啊，最近有聽說。

提問者A　已經有耳聞了啊？

毛澤東　有聽說過名字……。

提問者A　那聲音是從天空傳來的嗎？

毛澤東　總覺得「好像有那種東西的存在」。

提問者A 其實，中國也出現了那道「光」喔？

毛澤東 哼嗯。

提問者A （笑）你現在是什麼反應啊？

毛澤東 沒什麼。我們只感覺到那是個「巨大惡魔」。

提問者A 啊啊，從你們來看是巨大惡魔啊？

毛澤東 是啊！那是來欺負我們，妨礙我們的繁榮。

「《真自由》只要報導日本的問題就好」

提問者A 那麼，最後你還有什麼話要說？

毛澤東 啊啊……（大口喘氣）。

提問者A 你今天來的目的是什麼啊？

毛澤東 叫那個《真自由》……，不要再寫報導了！

提問者A 不，不管是「蝗蟲」還是「水災」，不只幸福科學在報導，全世界都持續關注。

毛澤東 《真自由》只要報導日本的問題就好了。如果是日本的問題……。

提問者A　日本必須擺脫這種「只想到日本自己問題」的劣根性。

毛澤東　日本人只要思考「投票給什麼樣的人，就會讓日本瓦解」，再進行選擇就好了。

提問者A　現在習近平的面子快要掃地了吧？

毛澤東　嗯，啊……，習近平只要再忍耐個一、二年，幸福實現黨就會瓦解了吧！再過不久就快瓦解了。

提問者B　有人說「或許在今年（二〇二〇年）會看到中國瓦解」。

毛澤東　那些是自我滿足的預測吧！中國已經建國七十年，沒那麼容易垮台的啊！哈哈哈哈哈（笑）。

「毛澤東」和「洞庭湖娘娘」誰比較偉大？

提問者A 總之，地球上的事物，並不是全部屬於中國的國家統治者。

毛澤東 你可以去問問十四億人民喔！問問「洞庭湖娘娘和毛澤東哪一個偉大」，然後再進行投票。

提問者A 那麼，我現在要不要叫洞庭湖娘娘出來啊！

毛澤東 大家都會說「毛澤東最偉大」了。

提問者A 那麼，就叫洞庭湖娘娘出來吧！

毛澤東 不需要這麼做。

提問者A　洞庭湖娘娘來了之後，就可以證明洞庭湖娘娘比較強。

毛澤東　那可不行，那不行。

提問者A　那麼，召請洞庭湖娘娘。

毛澤東　我怎麼會輸給那種「黃毛丫頭」。

第2章　洞庭湖娘娘的靈言③

二〇二〇年七月十九日
收錄於幸福科學特別說法堂

洞庭湖娘娘

「娘娘」原指「母親」、「貴婦」、「皇后」等意思，根據職責的不同而有各種娘娘。洞庭湖娘娘是中國湖南省北部第二大淡水湖洞庭湖的女神。

〔兩位提問者，分別以A．B標記〕

〈靈言的收錄背景〉

在收錄「毛澤東的靈言」（第五篇第1章）之後，招喚了洞庭湖娘娘之靈。

1　與獨裁者對戰的洞庭湖娘娘

「當今的共產主義，只像是一個『水坑』」

提問者A　洞庭湖娘娘（拍手兩聲）、洞庭湖娘娘（拍手兩聲）。

大川隆法　哈啊啊……（大口喘氣）。

（約五秒鐘的沉默）

洞庭湖娘娘　我是洞庭湖娘娘。

提問者B 好厲害！

提問者A 娘娘來了。

提問者A・B 謝謝您。

洞庭湖娘娘 我已經工作了幾千年，跟那些七十年前的人完全不同。

提問者A 原來如此。

洞庭湖娘娘 當今的共產主義，只像是一個「水坑」。

提問者A 的確，自從共產黨開始一黨專政，至今還不到百年。

洞庭湖娘娘 嗯。就連你們從立宗開始，也已經過了三十五年。

提問者A 是啊！

洞庭湖娘娘 不，從總裁的大悟開始，已過了三十九年吧！將近四十年了，這可相當於一個世代了。中國頂多兩倍左右？所以沒什麼大不了。

秦始皇顯露出「地獄魔王的傾向」

洞庭湖娘娘 我可是一直跟屬於非常「晚輩」的秦始皇之類的人對戰著。

提問者A 為什麼無法原諒秦始皇呢？

洞庭湖娘娘 因為他當時做的事，就跟現在毛澤東、習近平做的事一樣。

提問者A 終究是因為獨裁關係。

洞庭湖娘娘 他把人民當奴隸，課重稅，讓人民疲憊不堪，卻四處炫耀自己的力量。那種作法可是一種「地獄魔王的傾向」啊。

提問者A 對那樣的統治者來說，人民只不過是私人財產。沒有人權，只是單純的私人財產而已。

洞庭湖娘娘 沒錯，這麼一來，就必須要讓他們知道「天意沒站在他們那一邊」，國家要開始大亂了。

2　愛爾康大靈的弟子‧洞庭湖娘娘的力量

能防止中國侵略的是「洞庭湖娘娘的水的力量」

洞庭湖娘娘　現在已經開始混亂了。

北京想要一口氣毀掉香港，之後又想摧毀台灣、奪取日本，已經陷入「瘋狂」的狀態。

在這個時候，中國內部已經開始興起叛亂了。

防止沖繩、台灣、香港被中國奪走，就要仰賴洞庭湖娘娘的「水的力量」。能夠滅火的即是水啊！

提問者A　「水」象徵什麼？

洞庭湖娘娘　要拿來癱瘓軍隊。

提問者A・B　是這樣啊！

提問者A　「熄滅欲望之火」嗎？

洞庭湖娘娘　軍隊就是「火」啊！

提問者A　是嗎？炸彈之類的，全部都是火……。

洞庭湖娘娘　槍口只要一泡水，就不能用了啊！

提問者A　所謂「槍桿子裡面出政權」，必須讓那槍桿之火熄滅。

洞庭湖娘娘 沒錯，讓那個槍桿泡在水裡。

提問者A 原來如此。

洞庭湖娘娘 其實也沒什麼，只要水位上升個兩公尺，槍口就不能用了。不只如此，農作物也無法結果，也沒有可居住的房子。中國最好能夠因此覺悟到自己的無知和愚癡。洞庭湖娘娘可是愛爾康大靈的弟子，千萬別小看我！

提問者A 好厲害！做得好！

中國古代之王，堯與舜會回到世間

提問者Ａ　在神話時代出現的堯、舜這兩個人。他們實行的是德治政治，他們也是孔子的目標。

洞庭湖娘娘　嗯。

提問者Ａ　他們是實際存在的人嗎？

洞庭湖娘娘　嗯。

提問者Ａ　實際存在過嗎？

洞庭湖娘娘　嗯……，實際存在過。所以，現在堯與舜正想要回到世間。

提問者A　是想要影響這個世界嗎？

洞庭湖娘娘　嗯，因為日本戰敗了，所以才讓中國變成這種「惡魔之國」。成為「惡魔獵人」，就是日本的工作。

提問者A　不過，日本現在也在走向了「中國化」，實行「My Number（個人編號）制」。

洞庭湖娘娘　日本是想模仿中國吧！

不過在那之前，中國會走向崩潰。日本千萬不能成為那種獨裁者的國家。現在每個當權者都打算實行終身制，實在很不好。

原始之神的手下司長著「水、土、火、風」

洞庭湖娘娘 我啊，正在召集同伴呢。

提問者A 在中國國內嗎？

洞庭湖娘娘 在中國還有許多沉睡中的光明勢力，我正在喚醒那些被鎮壓的宗教的指導勢力。

在你們還活著的時候，一定會讓你們看到洞庭湖畔的愛爾康大靈像，記得要來觀光喔！

提問者A・B 是，謝謝您。

洞庭湖娘娘 光是因為蝙蝠的毒，世界就顫抖了啊。那麼只要把世界的水位提高個兩公尺，幾乎所有的大城市就會被淹沒了，這種事簡單的很。

不，我們司長著「水」、「火」、「土」、「空氣」，能自由自在地運用這四元素。能運用這四元素，就代表我們是原始之神的部下。

透過這樣的能力，才創造出了各種星球和生物。

提問者A　原來如此。

洞庭湖娘娘　現在開始，會讓你們瞧瞧洞庭湖娘娘的威力。

提問者A　洞庭湖娘娘的磁場在洞庭湖嗎？

洞庭湖娘娘　我位處於當今中國「肚臍」的部位。

提問者A　也就是說位於中國的正中央嗎？

洞庭湖娘娘　嗯，我要在這裡樹立信仰，一下子就可以做到了。

「一旦讓黃河與揚子江變成兩條爬行之龍，一切就結束了」

提問者A　希望您也能給予香港力量。

洞庭湖娘娘　嗯。香港啊，眾神正聚集而來呢！不會那麼容易就讓中國稱心如意的。或許日本也會發生革命。如果這樣下去，日本自己就不保了。

提問者A　不過，在某種意義上，日本也是首次將民主主義廣布到如此程度。

洞庭湖娘娘　嗯……。

提問者A　在封建制時代和天皇制時代，人民是否那麼有人權，實在令人質疑。

洞庭湖娘娘 現在美國新冠病毒大流行，實在令人擔心其國力。不過我認為這剛好讓日本必須自己保衛自己的國家。不想光是想要倚靠美軍，必須要靠自己啊！要變成如此自立的國家啊！

已經有其他人在思考這項任務，接下來交給他們就行了。

「天地創造之神」已經現身，所以中國怎麼會贏？所有站在對峙立場的人都會被沖走。

如果「天地創造之神」想要重建中國的話，只需要讓黃河與揚子江像兩條龍到處爬動，那麼一切就結束了。

提問者A 必須要加以重建才行。

洞庭湖娘娘 「借來的繁榮」即將要落幕。

中國不可能敵得過創造主

提問者A　在「心念」上，日本要如何祈禱才能增加「光的勢力」呢？

洞庭湖娘娘　不，不需要祈禱。因為日本現在反而是接受著祈禱。

提問者A　是嗎？

洞庭湖娘娘　世界的祈禱心念正匯集於日本，現今在日本正打算建立一座「光明燈塔」。

提問者A　您指的是匯集於總裁先生那裡的祈禱心念。

洞庭湖娘娘　嗯，我不打算延長一決勝負的時間。

提問者A 終究人們必須抱持「對於創造主的堅定信仰」。

洞庭湖娘娘 是，創造主穿著長靴走過泥濘之地後，留下了腳印。接著，雨降一來，就形成了洞庭湖。

提問者A 創造主的身形好大啊！

洞庭湖娘娘 是啊！畢竟是創造地球、人類和生物、所以生命機制的存在，無人能可與之匹敵。

提問者A 總裁先生曾提過非洲的維多利亞湖……。

洞庭湖娘娘 維多利亞湖？嗯，有這個湖。

提問者A 總裁先生說對那裡有一種懷念的感覺。

洞庭湖娘娘 現今人們對於古代文明不是很清楚，不過在過去，愛爾康大靈的各種分身曾轉生於非洲、中東、北美、南美、亞洲大陸。

提問者A 他曾說不僅對於秘魯的的喀喀湖有種懷念的感覺，似乎對於洞庭湖也有懷念的感覺。

洞庭湖娘娘 哈哈哈（笑），再過一陣子，我就會講述那秘密了。只不過，因為現今中國的禁忌，很多事情必須推展。得讓中國共產黨瓦解才行，否則就沒有「言論自由」。

總之，北京盡是說著那些是「顛覆政府」、「反政府份子」、「外國勢力」，必須得讓中國再一次興起維新運動！

現今周遭國家正構築中南海和北京包圍網，讓中國無法動彈，中國已近尾聲了。

提問者A 原來如此。

不過，在靈界當中存在著各種分歧的意見，比起從外國講述各種意見，反而會讓中國人容易理解吧！

3 試圖讓中國興起革命

「當今中國需要的是『摩西式的猛藥治療』」

洞庭湖娘娘 中國若能相信宗教就好了。即便現在降下堯帝或舜帝的靈言，也無法讓中國人置信。必須要讓中國人親眼見到有靈界的存在、有實在界的力量。現在當今中國需要的是「摩西式的猛藥治療」，必須要反覆興起天變地異、各種各樣的奇蹟，得摧毀唯物論的科學主義才行。

我可是跟天空之神有所聯繫喔！天空之神有著一舉殲滅中國試圖以人工衛星征服世界的計畫。不久之後，中國人工衛星將發生令人費解的狀況。另外，中國還想利用網路攻擊來統治全世界。

提問者A 的確，中國的電影有許多CG特效，讓人看得眼花撩亂。前幾天，總裁先生也曾說過，網路攻擊是某種「惑幻經濟學」之類的。

洞庭湖娘娘 是。

提問者A 感覺中國正試圖運用那手法。

「中國即將爆發反革命」、「我也打算加速日本的革命」

洞庭湖娘娘 中國的教育，都是向人們洗腦政府說的都是正確的。

不過，中國有著各種民族，被異民族鎮壓和關押的人數相當地多。現在已經到處湧現大量的不滿之聲了！日本不能做的事情，換作是中國也不能做。現在只要有石油、海底油田的地方，南鳥島附近、日本最南端有貴金屬和礦物的地方，中國已經開始進行調查了。這遲早必須得加以懲治吧！中國真的是旁若無人地蠻幹啊！這是哪門子的「德」！哪門子的「道」啊！過去中國有很多人講述那些道理的啊！再過不久，這些人就會展開反擊。

提問者A 明白了。

洞庭湖娘娘 革命、反革命即將爆發。

提問者A 謝謝您。

洞庭湖娘娘　很有趣喔！不久你們將會看到如同法國革命、美國革命之類的行動。

提問者A　我們必須該透過那革命，學習做人的正確之道。

洞庭湖娘娘　你在說什麼？興起那場革命的不就是你們幸福科學嗎？

提問者A　不過，我認為大家的理解還尚淺。

洞庭湖娘娘　嗯，的確如此。

只不過，我也打算加速日本的革命。我和日本靈界也有些關連。我和富士五湖娘娘、琵琶湖娘娘們，有時也會講話。

提問者A　在那些興起革命，想讓世界變得更美好的人們當中，有些人在那過程中，會變得以自我為中心、只想凸顯自己，終究不行變成這個樣子。

洞庭湖娘娘　這種困難的問題，就去問天上界其他的賢人，我做的是⋯⋯。

提問者Ａ　下猛藥治療？

洞庭湖娘娘　像那種讓洪水氾濫、淹沒房屋之類工作都由我來執行。教導人們「和諧有多麼的重要」，就是我的工作。

提問者Ａ　是。

「要找回信仰，唯物論是錯誤的」

洞庭湖娘娘　真是有趣啊！洞庭湖娘娘竟然要大戰毛澤東、鄧小平、習近平，光是想像就十分好笑，不過對於中國人而言卻是笑不出來。在這場水災當中，或許他們會認為「搞不好真的有洞庭湖娘娘這號人物」。揚子江也有其掌管之神，黃河也是，水就是中國的弱點。

對於統治者而言，「治水」最重要。若無法妥善治水，穀物就無法收成。無論是治「水」，或者是抑制「蝗蟲」、抑制「地震」都非常重要。我們會從這些地方進攻。

提問者A 透過這些天災，您應該是想要讓中國人察覺到某些道理吧！

洞庭湖娘娘 必須要找回「信仰」，世間當中存在著造物主，唯物論是錯誤的，無神論也是錯誤的。無論是毛澤東、鄧小平，還是習近平，都不是「神」，他們是「地獄的惡魔」。

提問者A 明白了。

提問者A・B　謝謝您。

洞庭湖娘娘　好的。

大川隆法　（拍手兩聲）

後記

根據因果報應，「惡」雖然必須在靈界被懲罰，但在世間，讓眾人目睹結論的序曲，想必能救贖眾多的人。唯物論、無神論的國家不可能成為世界霸權帝國。

中國內部必將樹立起信仰。

愛爾康大靈的「神之國度」近了。未來必定會建立在我的話語之上，相信之人必得拯救。

二〇二〇年七月二十三日

幸福科學集團創立者兼總裁　大川隆法

HAPPY SCIENCE

幸福科學集團介紹

幸福科學透過宗教、教育、政治、出版等活動，以實現地球烏托邦為目標。

幸福科學

一九八六年立宗。信仰的對象為地球靈團至高神「愛爾康大靈」。幸福科學信徒廣布於全世界一百多個國家，為實現「拯救全人類」之尊貴使命，實踐著「愛」、「覺悟」、「建設烏托邦」之教義，奮力傳道。

愛

幸福科學所稱之「愛」是指「施愛」。這與佛教的慈悲、佈施的精神相同。信眾透過傳遞佛法真理，為了讓更多的人們能度過幸福人生，努力推動著各種傳道活動。

覺悟

所謂「覺悟」，即是知道自己是佛子。藉由學習佛法真理、精神統一、磨練己心，在獲得智慧解決煩惱的同時，以達到天使、菩薩的境界為目標，齊備能拯救更多人們的力量。

建設烏托邦

我們人類帶著於世間建設理想世界之尊貴使命，而轉生於世間。為了止惡揚善，信眾積極參與著各種弘法活動。

入會介紹

在幸福科學當中，以大川隆法總裁所述說之佛法真理為基礎，學習並實踐著「如何才能變得幸福、如何才能讓他人幸福」。

入會

想試著學習佛法真理的朋友

若是相信並想要學習大川隆法總裁的教義之人，皆可成為幸福科學的會員。入會者可領受《入會版「正心法語」》。

三皈依誓願

想要加深信仰的朋友

想要做為佛弟子加深信仰之人，可在幸福科學各地支部接受皈依佛、法、僧三寶之「三皈依誓願儀式」。三皈依誓願者可領受《佛說・正心法語》、《祈願文①》、《祈願文②》、《向愛爾康大靈的祈禱》。

幸福科學於各地支部、據點每週皆舉行各種法話學習會、佛法真理講座、經典讀書會等活動，歡迎各地朋友前來參加，亦歡迎前來心靈諮詢。

台北支部精舍
台北市松山區敦化北路 155 巷 89 號

幸福科學台灣代表處
台北市松山區敦化北路 155 巷 89 號
02-2719-9377
taiwan@happy-science.org
FB：幸福科學台灣

幸福科學馬來西亞代表處
No 22A, Block 2, Jalil Link Jalan Jalil Jaya 2, Bukit Jalil 57000, Kuala Lumpur, Malaysia
+60-3-8998-7877
malaysia@happy-science.org
FB：Happy Science Malaysia

幸福科學新加坡代表處
477 Sims Avenue, #01-01, Singapore 387549
+65-6837-0777
singapore@happy-science.org
FB：Happy Science Singapore

大中華帝國崩壞的序曲

中國的女神洞庭湖娘娘、泰山娘娘，非洲的祖魯神的靈言

大中華帝国崩壊への序曲：中国の女神 洞庭湖娘娘、泰山娘娘／アフリカのズールー神の霊言

作　　者／大川隆法
翻　　譯／幸福科學經典翻譯小組
主　　編／簡孟羽、洪季楨
封面設計／Toby
內文設計／黛安娜

出版發行／台灣幸福科學出版有限公司
104-029 台北市中山區中山北路三段 49 號 7 樓之 4
電話／ 02-2586-3390　傳真／ 02-2595-4250
信箱／ info@irhpress.tw
法律顧問：第一法律事務所　余淑杏律師

總 經 銷／旭昇圖書有限公司
235-026 新北市中和區中山路二段 352 號 2 樓
電話／ 02-2245-1480　傳真／ 02-2245-1479

幸福科學華語圈各國聯絡處／
台　　灣　taiwan@happy-science.org
地址：台北市松山區敦化北路 155 巷 89 號（台灣代表處）
電話：02-2719-9377
官網：http://www.happysciencetw.org/zh-han
香　　港　hongkong@happy-science.org
新 加 坡　singapore@happy-science.org
馬來西亞　malaysia@happy-science.org
泰　　國　bangkok@happy-science.org
澳大利亞　sydney@happy-science.org

書　　號／978-986-99342-5-1
初　　版／2020 年 10 月初版一刷
定　　價／360 元

國家圖書館出版品預行編目（CIP）資料

大中華帝國崩壞的序曲：中國的女神洞庭湖娘娘、泰山娘娘，非洲的祖魯神的靈言／大川隆法作；幸福科學經典翻譯小組翻譯. -- 初版. -- 臺北市：台灣幸福科學出版，2020.10

432面；14.8×21公分

譯自：大中華帝国崩壊への序曲：中国の女神 洞庭湖娘娘、泰山娘娘/アフリカのズールー神の霊言

ISBN 978-986-99342-5-1（平裝）

1. 新興宗教　2. 靈修

226.8　　109015932

廣告回信	
台北郵局登記證	
台北廣字第5433號	
平	信

IRH Press Taiwan Co., Ltd.
台灣幸福科學出版有限公司

104-029 台北市中山區中山北路三段49號7樓之4
台灣幸福科學出版　編輯部　收

請沿此線撕下對折後寄回或傳真，謝謝您寶貴的意見！

大川隆法
Ryuho Okawa

大中華帝國崩壞的序曲

台灣幸福科學出版有限公司

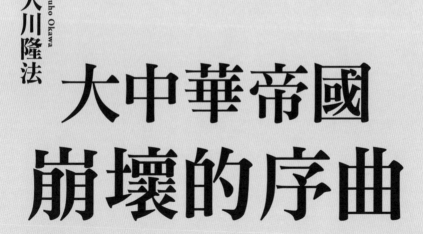

大中華帝國崩壞的序曲

讀者專用回函

非常感謝您購買《大中華帝國崩壞的序曲》一書，
敬請回答下列問題，我們將不定期舉辦抽獎，
中獎者將致贈本公司出版的書籍刊物等禮物！

讀者個人資料　　**※本個資僅供公司內部讀者資料建檔使用，敬請放心。**

1. 姓名：　　　　　　　　性別：☐男　☐女
2. 出生年月日：西元　　　　年　　　　月　　　　日
3. 聯絡電話：
4. 電子信箱：
5. 通訊地址：☐☐☐-☐☐
6. 學歷：☐國小 ☐國中 ☐高中／職 ☐五專 ☐二／四技 ☐大學 ☐研究所 ☐其他
7. 職業：☐學生 ☐軍 ☐公 ☐教 ☐工 ☐商 ☐自由業☐資訊 ☐服務 ☐傳播 ☐出版 ☐金融 ☐其他
8. 您所購書的地點及店名：
9. 是否願意收到新書資訊：☐願意　☐不願意

購書資訊：

1. 您從何處得知本書的訊息：（可複選）☐網路書店　☐逛書局時看到新書　☐雜誌介紹
   ☐廣告宣傳　☐親友推薦　☐幸福科學的其他出版品　☐其他

2. 購買本書的原因：（可複選）☐喜歡本書的主題　☐喜歡封面及簡介　☐廣告宣傳
   ☐親友推薦　☐是作者的忠實讀者　☐其他

3. 本書售價：☐很貴　☐合理　☐便宜　☐其他

4. 本書內容：☐豐富　☐普通　☐還需加強　☐其他

5. 對本書的建議及觀後感

6. 您對本公司的期望、建議…等等，都請寫下來。

IRH Press Taiwan Co., Ltd.
台灣幸福科學出版有限公司